ESSAI

SUR LA LOI, SUR LA SOUVERAINETÉ,

ET

SUR LA LIBERTÉ DE MANIFESTER SES PENSÉES,

OU

SUR LA LIBERTÉ DE LA PRESSE;

Par M. BERGASSE.

DÉDIÉ

A S. M. L'EMPEREUR DE RUSSIE.

Per me reges regnant et legum conditores justa decernunt.

C'est par moi que les rois règnent, dit la *Sagesse éternelle*, et que les législateurs décrètent des lois justes.

SECONDE EDITION,

Suivie d'un Fragment sur l'Honneur, et d'une Lettre de l'Auteur sur l'Indivisibilité du Pouvoir législatif.

PARIS,

PATRIS, Imprimeur-Libraire, rue de la Colombe, N° 4, quai de la Cité.

MAI 1817.

Cet Ouvrage se trouve aussi chez

MM. {
DELAUNAY,
PELICIER,
PETIT,
} Libraires au Palais-Royal.

A SA MAJESTÉ

ALEXANDRE IER,

Empereur de toutes les Russies.

SIRE,

J'ai rassemblé dans cet écrit quelques vérités extraites d'un petit nombre de fragments qui me sont restés d'un ouvrage assez considérable que j'avois composé à l'invitation de LOUIS XVI. Elles avoient obtenu le suffrage de ce prince trop peu connu, et auquel on ne rend pas justice quand on ne parle que de sa bonté, que de sa résignation dans le malheur, que de l'héroïsme de ses derniers jours, si l'on ne convient en même temps que le Ciel l'avoit doué de cet esprit de sagesse qui est la première vertu des Rois, et sans laquelle toutes leurs autres qualités manquent de cette mesure qui peut seule les rendre profitables aux peuples confiés à leurs soins.

Je ne songeois point à les mettre au jour. Mais comme les erreurs qui nous ont été si funestes, et auxquelles l'Europe a dû l'agitation terrible qui, durant une longue suite d'années, a compromis l'existence de tous les peuples et menacé tous les trônes, tendent par des combinaisons singulières autant que par une fatalité aveugle à se reproduire parmi nous, j'ai cru qu'il étoit de mon devoir de les publier.

Parmi ces vérités il en est peu qui ayent la France spécialement pour objet. Presque toutes intéressent la société entière. Tant qu'on croira que le principe de l'ordre social n'est pas un principe éminemment religieux, et qu'on ira chercher dans des volontés et des conceptions purement humaines les éléments des institutions qui doivent régir les peuples, il est impossible qu'un peu plus tôt ou un peu plus tard, on ne retombe pas dans ces doctrines désastreuses dont une triste expérience ne nous a que trop démontré la fausseté, mais auxquelles on revient toujours quand on a intérêt de ramener ces temps de despotisme et d'anarchie où la justice se tait, et où les lois ne sont plus autre chose que ce que commande l'orgueil, ce que la force exige ou ce que veut la licence.

J'ai recueilli de la bouche même de VOTRE MAJESTÉ qu'aujourd'hui et dans l'époque vraiment extraordinaire où nous sommes, c'est du haut des trônes que la vérité doit descendre pour dissiper avec efficacité les obstacles que les passions et les vices opposent à son empire ; que ce n'est pas en leur nom que les

Princes sont appelés à gouverner, mais au nom de cette raison éternelle qui parle à toutes les consciences le même langage, et qui dans des conditions différentes, enseigne à tous les hommes les mêmes vertus ; que leur tâche est donc essentiellement morale, parce que les nations, quoi qu'on puisse dire, ne sont heureuses qu'autant qu'elles ne sont pas corrompues ; et qu'ils ne s'acquittent jamais mieux des fonctions éminentes que la Providence leur a départies, que lorsqu'ils invitent toutes les pensées généreuses à se produire, et que dans leur disposition à les accueillir, ils détruisent comme d'indignes barrières les entraves qui peuvent en empêcher l'essor ou en retarder le succès.

Voilà, sans doute, ce qui fait, SIRE, que les peuples de mœurs si diverses qui habitent les vastes contrées soumises à la domination de VOTRE MAJESTÉ *jouissent d'une paix profonde, de cette prospérité douce qui est l'effet des bonnes maximes et des bonnes habitudes, et que dans les transports de leur enthousiasme, ils ont ajouté aux titres de gloire de* VOTRE MAJESTÉ *celui de* Béni du Seigneur, *titre précieux bien supérieur à tous ceux qu'a inventés jusqu'ici la reconnoissance pour recommmander aux souvenirs de la postérité les grands Rois.*

Or, SIRE, *quoique je publie cet écrit dans l'intérêt de la France, et surtout de la famille auguste qui depuis tant de siècles, en régit les destinées ; cepen-*

dant, parce que les idées que j'y développe sont indépendantes, je le répète, de toute circonstance particulière, j'ai pensé qu'il pouvoit mériter de fixer pour quelques instants l'attention de Votre Majesté; et alors, en me rappelant les nobles intentions, les vues élevées et le courage à bien faire qui caractérisent d'une manière si éclatante tous les actes de son règne, il m'a paru qu'il devoit m'être permis de lui en adresser l'hommage.

Je suis avec un profond respect,

SIRE,

De Votre Majesté,

Le très humble et très-obéissant Serviteur,

BERGASSE.

Ce 25 mai 1817.

AVANT-PROPOS.

Louis XVI ayant remarqué dans quelques écrits que j'ai publiés durant le cours de l'Assemblée constituante, que mes principes sur la législation n'étoient pas ceux des Publicistes du jour ; qu'ils appartenoient à un système de vérités assez élevées ; et qu'en combattant les erreurs qui nous ont été si funestes, je ne me servois pas toujours des mêmes armes qu'employoient les personnes qui comme moi , n'étoient que trop justement effrayées de leurs dangereuses conséquences , je fus invité en son nom à rassembler mes idées en corps d'ouvrage , à en faire l'application à la France , et à en déduire avec *tous ses détails*, la constitution qui paroissoit lui devoir convenir.

Louis XVI espéroit peu, mais il espéroit encore : il crut du moins , jusqu'au dernier moment, que c'étoit pour lui un devoir sacré que de s'occuper du bien des peuples confiés à ses soins. A son exemple , au sein des passions qui s'agitoient, je n'avois pas une grande confiance dans l'avenir ; ma prévoyance étoit sombre, et ce fut autant pour m'en distraire , que pour répondre à la confiance que ce prince me témoignoit, que je me déterminai à obéir à l'invitation qui m'étoit faite.

Il me restoit tout au plus une ou deux pages à rédiger pour rendre mon travail absolument complet, lorsque la veille de la fatale journée du 10 août, M. Malouet qui étoit dans le secret de ce que j'écrivois, vint dans le domicile où je m'étois réfugié pour échapper au fer des assassins qu'on avoit armés contre moi, me conjurer de mettre promptement la dernière main à mon œuvre presqu'achevée. J'étois enseveli dans une profonde tristesse, et tandis que les honnêtes gens croyoient au triomphe de la vertu jusque-là si malheureuse, je ne trouvois en moi sur ce qui devoit se passer que de noirs pressentiments.

On sait comment toutes les espérances en un meilleur ordre de choses furent trompées.

Je n'avois fait faire de mon ouvrage qu'une seule copie pour le Roi. L'original m'en étoit resté. Je l'envoyai à Lyon afin qu'il y fût conservé, et qu'en des temps moins orageux, il pût être de quelque usage. Mais il falloit que rien de ce que j'ai tenté en diverses circonstances, pour arracher mon pays à sa fatale destinée, ne réussît : je l'ai perdu dans un incendie qui a eu lieu durant le siége de cette ville

Depuis, j'en ai trouvé dans mes papiers quelques fragments : c'est de ces fragments qui sont comme la première ébauche des idées que j'avois alors, que j'ai tiré les matériaux dont se compose l'écrit que je mets au jour.

ESSAI

SUR LA LOI, SUR LA SOUVERAINETÉ

ET

SUR LA LIBERTÉ DE MANIFESTER SES PENSÉES,

OU

SUR LA LIBERTÉ DE LA PRESSE.

Qu'est-ce que la loi? Qu'est-ce que la souveraineté? Faut-il une liberté de la presse? Qu'ést-ce que cette liberté? et dans quel rapport convient-il qu'elle existe avec la souveraineté et la loi?

On veut que je dise ce que je pense sur ces questions.

Je vais le faire, bien qu'une longue et triste expérience ne m'ait que trop convaincu que la vérité parmi nous étonne plus qu'elle ne persuade, et que, dans une nation aussi décomposée que l'est la nôtre maintenant, c'est presque toujours une folie, et assez souvent une témérité que d'en parler le langage.

I

On ne peut se former une idée claire de ce qu'il faut entendre par ce mot *loi,* qu'autant qu'on s'occupe de rechercher ce qu'ont de commun entr'elles et en quoi diffèrent la loi essentielle et la loi positive.

1. La loi essentielle, prise dans l'acception la plus étendue, n'est autre chose que la raison suprême, ou Dieu même produisant l'ordre dans l'univers.

La loi essentielle, prise dans une acception plus déterminée, peut être considérée sous trois points de vue :

Comme régissant les êtres en général,

Comme régissant l'homme en particulier,

Comme régissant les peuples.

La loi essentielle, considérée comme régissant les êtres en général, est la raison suprême, en tant qu'elle détermine les rapports des êtres entr'eux, et qu'en conséquence de ces rapports, elle fixe les directions auxquelles ils doivent obéir.

La loi essentielle, considérée comme régissant l'homme en particulier, est cette même raison suprême, en tant qu'elle manifeste à l'homme les directions qu'il doit suivre pour obtenir, d'après ses rapports avec les autres êtres, tout le bonheur dont le développement de ses facultés le rend susceptible.

La loi essentielle, considérée comme régissant les peuples, est encore cette même raison suprême, en tant qu'elle se manifeste à un peuple pour ordonner les rapports qui doivent unir les individus dont il se compose, et l'établir ainsi dans les directions qui peuvent assurer son bien-être et son repos.

2. Il y a, dans la loi essentielle, des directions qui sont nécessaires, et d'autres qui ne le sont pas.

De la loi sel ses rapports a les êtres libres les êtres non bres.

Les êtres non-libres, ou purement physiques, obéissent à des directions nécessaires ; ils ne se meuvent que quand la loi les meut et comme elle veut les mouvoir.

Les êtres libres ou moraux, au contraire, les hommes, par exemple, peuvent résister à la loi essentielle ; ils ont en eux la faculté de faire autrement qu'elle n'ordonne (1), et de se

---

(1) Le minéral obéit à sa loi de composition et de décomposition ; la plante à sa loi de végétation ou de développement ; l'animal à la loi de son instinct ou de sa spontanéité. L'homme seul, en sa qualité d'être moral, ou d'être-*verbe*, d'être-*parole*, car c'est la

donner d'autres directions que les siennes.
C'est ce qui rend nécessaire la *loi positive.*

3. La loi positive ne diffère pas au fond de
la loi essentielle. Elle n'est que cette loi consentie par les hommes en société ou les peuples,
comme règle universelle de conduite.

La loi essentielle devient loi positive par ce
consentement ; avant, elle étoit plus ou moins
obscurément dans la conscience de chacun,
mais elle y demeuroit sans force pour contraindre, puisqu'il étoit au pouvoir de chacun
de lui résister. Depuis, développée au-dehors
et ayant acquis toute la force qui lui est nécessaire pour dominer avec empire, non seulement elle avertit de ce qu'il faut éviter ou faire,
mais elle contraint à faire, ou oblige d'éviter.

On pourroit dire que la loi positive n'est
autre chose que la loi essentielle employée
d'une manière active par les hommes pour
maintenir l'ordre et la paix sur la terre.

---

même chose, a en lui la possibilité d'agir en conformité
ou en opposition avec la loi de sa destinée, et il falloit
que cela fût ainsi, car ce qui le constitue essentiellement
c'est la faculté de connoître et d'aimer. Or, vous voyez
bien qu'il ne connoîtroit point, qu'il n'aimeroit point, si
lorsqu'il produit des actes, il n'étoit pas pleinement
affranchi de toute *nécessité*, s'il n'étoit pas libre.

4. La loi positive maintient de deux ma-nières l'ordre et la paix sur la terre :

La loi posi est ou consti tive des peup ou simpleu réglementaire

Ou, en constituant les peuples, c'est-à-dire, en établissant d'après la loi essentielle dont on voit qu'elle ne doit être que l'expression, les directions qui fixent leur manière d'être ;

Ou, leur constitution et leur manière d'être une fois fixées, en s'occupant des règles de détail qui peuvent intéresser l'allure ordinaire de la société.

Dans le dernier cas, la loi positive prend le nom de loi *réglémentaire*.

Dans le premier cas, elle prend le nom de *loi constitutive*.

5. La loi constitutive d'un peuple a beau-coup plus d'étendue qu'on ne lui en donne ordinairement. On ne comprend guère sous cette dénomination que les institutions poli-tiques d'un peuple, ou la loi, en tant qu'elle détermine la nature de son gouvernement. Mais les institutions politiques d'un peuple ne déterminent pas seules sa manière d'être : il faut y joindre encore ses institutions religieu-ses, morales, civiles, criminelles. Toutes ces choses modifient plus ou moins son caractère, influent d'une manière plus ou moins profonde

Etendue d loi constitu ou de la loi j prement dit

sur ses mœurs, donnent une forme plus ou moins particulière à ses habitudes.

La loi constitutive d'un peuple seroit donc l'ensemble des institutions religieuses, morales, civiles, criminelles, politiques, qui régissent ce peuple et qui le constituent ce qu'il est. C'est sous ce point de vue et dans cet ensemble que la loi constitutive sera ici considérée.

Caractères ou propriétés de la loi.

6. J'ai défini la loi selon ses acceptions les plus générales; actuellement il faut rechercher quels en sont les caractères ou les principales propriétés.

En m'occupant de cette recherche, je trouve:

Les hommes ne font pas la loi.

7. 1° Qu'on ne peut dire en aucun sens que les hommes fassent la loi, comme le prétendent la plupart des écrivains de ce temps-ci.

Les hommes ne font pas la loi essentielle; car la loi essentielle n'étant autre chose que la raison suprême, il est clair qu'elle ne sauroit être leur ouvrage.

Les hommes ne font pas davantage la loi positive; ils cherchent la loi essentielle comme on cherche une vérité; ils la trouvent en proportion des efforts qu'ils font pour la découvrir; ils la déclarent loi positive lorsqu'ils pensent l'avoir découverte ; mais l'intelligence qui la découvre ne la crée pas pour cela ; car, encore une fois, elle créeroit les rapports essentiels des êtres entr'eux ; elle créeroit les conséquences ou les directions qui naissent de ces rapports ; ce qui est absurde.

8. 2° Que la loi, de sa nature, est obligatoire ; car, puisqu'elle n'est que la raison qui dirige, il est clair qu'elle ne peut se manifester à notre intelligence sans produire en nous l'obligation de lui obéir ; autrement, pourquoi dirigeroit-elle, si nous n'étions pas obligés de nous y soumettre ?

La loi positive est pareillement obligatoire ; mais elle ne l'est, pour un peuple, que lorsqu'il l'a consentie, c'est-à-dire, lorsque par un acte solennel de sa volonté il a reconnu que les institutions qu'on lui propose, sont l'expression de cette raison suprême dans la dépendance de laquelle il doit vivre.

Un peuple est une société d'êtres libres qui ont une conscience et une intelligence. Or, on voit bien qu'on n'a pas le droit de constituer en société des êtres libres qui ont une conscience et une intelligence, par des lois dont ils n'auroient pas connu et senti la vérité.

Que la loi sa nature est obgatoire.

Constituer un peuple sans qu'il y consente,
sans une expression délibérée de sa volonté,
est une tyrannie ou, ce qui est la même chose,
une offense à la raison suprême, qui n'oblige
qu'autant qu'elle instruit ou qu'elle éclaire.

Prenez garde, au reste, que, quoique la
loi positive ne soit obligatoire que lorsque les
peuples l'ont consentie, ce n'est pas précisé-
ment parce que les peuples la consentent, mais
parce qu'ils la reconnoissent par ce consentement comme l'expression de la raison essentielle, qu'elle est obligatoire. L'homme, en
sa qualité d'être moral, est une créature trop
noble pour que le principe de son obéissance
puisse être dans la volonté de ses semblables.
Ni un homme, ni les collections d'hommes ou
les peuples n'ont de droit sur sa conscience,
à moins qu'ils ne parlent au nom de cette éternelle sagesse, qui seule doit diriger, parce
qu'il n'y a qu'elle seule qui ait la puissance de
produire.

Que la loi de
sa nature est per-
pétuelle. 9. 3° Qu'il est encore dans la nature de
la loi d'être perpétuelle.

Dans la nature de la loi essentielle, car il
n'y a point de changement dans la raison; ce
qui est raisonnable aujourd'hui, le sera tou-

jours, et les rapports des êtres étant une fois déterminés par celui qui les a créés ce qu'ils sont, il est impossible que les directions des êtres varient.

Dans la nature de la loi positive, car au moment où un peuple consent la loi qui le constitue, ce n'est, comme on l'a vu tout-à-l'heure, que parce qu'il la considère comme l'expression de la raison. Or, sa conscience veut que ce qu'il considère comme l'expression de la raison le dirige toujours.

10. 4° Qu'il ne résulte pas néanmoins de la perpétuité de la loi, que les peuples ne puissent apporter aucun changement aux lois qui les constituent.

Que bien que la loi de sa nature soit perpétuelle cependant il y a des circonstances où elle peut être changée.

Ici, on demandera comment il se fait, que la loi tant positive qu'essentielle, étant perpétuelle de sa nature, il soit quelquefois raisonnable de changer les lois qui constituent les peuples : voici comment ceci est raisonnable.

Deux circonstances peuvent forcer un peuple à changer ses lois.

Il se peut que l'expérience fasse connoître à un peuple que la loi positive qui le constitue est mauvaise. Il faut bien alors qu'il s'en donne une autre; mais ceci ne nuit pas à ce

que je viens de dire sur la perpétuité de la loi,
même positive ; car, il est évident que dans
cette hypothèse, le peuple dont il s'agit n'a-
voit point de loi, une loi mauvaise, une loi
qui établit de mauvaises directions n'étant pas
une loi. Il quitte un ordre de choses où il se
trouvoit hors de la route de la raison essentielle, pour chercher dans cette même raison,
les directions véritables auxquelles il doit
obéir. Ce n'est pas là proprement changer ;
c'est seulement abandonner une erreur pour
se rapprocher d'une vérité.

Un peuple aussi, n'existe pas toujours de
la même façon. Le temps, les événements politiques, les arts surtout qui ne peuvent se
développer sans amener à leur suite un grand
nombre de combinaisons sociales, toutes ces
choses changent la situation intérieure des
peuples, leur donnent d'autres manières d'ê-
tre, établissent entre les individus des rapports plus multipliés, ou d'autres rapports.
Or, il faut bien encore dans cette seconde
hypothèse que les peuples se donnent d'autres
lois, puisque les directions que leurs premières
lois avoient établies, résultoient, ou de rapports qui ne sont plus, ou de rapports qui se
trouvant augmentés de beaucoup d'autres, les

rendent insuffisantes. Mais ceci ne blesse pas davantage le caractère de perpétuité inhérent à la loi positive. Ce n'est pas véritablement la loi positive qui change, ce sont les peuples qui, étant autres qu'ils n'étoient auparavant, ont besoin de trouver dans une autre loi positive, c'est-à-dire, dans une autre portion de la loi essentielle, les directions qui conviennent à leurs nouveaux rapports.

Ce que je veux surtout qu'on sente ici, c'est qu'en fait de loi, même positive, les hommes ne sont maîtres de rien. Chaque rapport entre les êtres libres ou moraux produit, indépendamment de leur volonté, une moralité ou une règle de conduite. Il n'y auroit donc pas de perpétuité dans les rapports des hommes entr'eux, puisqu'il leur est libre de passer d'un rapport à un autre ; mais il y auroit perpétuité dans les règles de conduite qui naissent de chacun de ces rapports, parce que toujours, quoi qu'ils fassent, les mêmes rapports produiront pour eux les mêmes directions morales. C'est en ce sens que la loi positive est perpétuelle. Les hommes ne sont pas constamment dans les mêmes rapports, mais la véritable loi positive, celle qui n'est que l'expression consentie de la raison essentielle,

tire constamment des mêmes rapports les
mêmes directions.

11. 5°. Enfin, que quoiqu'il y ait des circonstances où il est bon qu'un peuple se
donne une autre loi que celle qui le constitue,
il importe cependant de n'opérer de changement de cette espèce, que le plus tard et le
plus rarement qu'on peut.

Comme la loi qui constitue un peuple, a
une influence décidée sur ses mœurs et sur ses
habitudes, puisque c'est elle qui les détermine,
on doit sentir que toutes les fois qu'on touche
à cette loi, on ébranle plus ou moins les
mœurs et les habitudes de ce peuple ; or, est-
on toujours le maître des effets que de telles
commotions peuvent produire ?

La moralité d'un peuple s'entretient par le
repos des opinions qui le dirigent ; plus elles
sont tranquilles, et plus le caractère d'un peuple a de fixité, et plus il met de moralité dans
ce qu'il fait. Agitez les opinions qui dirigent
les peuples, et bientôt vous apercevrez qu'ils
n'auront plus qu'une morale incertaine, et je
n'ai pas besoin de vous faire observer de quelle
étrange corruption une morale incertaine est
toujours le principe.

La loi, sans doute, doit pouvoir contraindre pour produire l'obéissance ; mais, certes, on se tromperait beaucoup, si l'on imaginoit que c'est dans la contrainte que consiste sa force véritable. Une contrainte excite toujours une résistance au moins secrette, et l'effet de cette résistance est de détruire un peu plus tôt ou un peu plus tard la contrainte qui la fait naître. Pour que la loi obtienne tous les effets heureux qu'on doit en attendre, il faut qu'elle agisse comme une opinion puissante, comme un préjugé ; qu'elle se lie à la conscience des peuples, qu'elle devienne, en quelque sorte, une partie de cette conscience. Or, vous voyez bien que les lois ne peuvent avoir la force des préjugés, qu'autant qu'elles changent peu, qu'elles ont quelque chose d'antique ; qu'autant qu'elles empruntent du temps un certain caractère religieux qui les défend contre l'inquiète curiosité de l'esprit humain. Plus les lois porteroient donc l'empreinte de l'antiquité, et plus elles seroient respectées ; et toutes circonstances égales d'ailleurs, le peuple le meilleur sera toujours celui dans les lois duquel on aura le moins innové, et dont la sagesse, depuis plusieurs siècles, n'est encore que la sagesse de ses pères.

Au reste, c'est presque toujours la faute de
ceux qui sont à la tête des peuples, si des événements surviennent qui opèrent le renversement entier des lois. Ceci n'arrive jamais que
parce que toutes les institutions d'un peuple
sont corrompues à-la-fois , ou parce que les
opinions de ce peuple entièrement changées
se trouvent en contradiction avec ses institutions, et que celles-ci, dès-lors, n'exerçant
plus sur lui un empire moral, n'agissent
presque que comme la force qui oblige, et
non pas comme la conscience qui conduit.
Mais il faut du temps pour que les choses en
viennent là ; et si l'on avoit l'art de mettre le
temps à profit , et d'apercevoir de loin ce qui
peut opérer un changement dans l'opinion des
peuples, ou préparer la sourde corruption des
institutions qui les régissent; peut-être, ne
seroit-il pas toujours impossible de les garantir
des secousses que le renversement entier des
lois ne manque pas de produire.

L'opinion des peuples ne change que par
l'effet d'un malaise résultant de la manière
dont ils sont gouvernés. *Un peuple bien gouverné n'est point inquiet*, et demeure naturellement dans les opinions qui conviennent à ses
lois. N'attaquez pas de front l'opinion des peuples quand elle vient à changer. L'opinion,

avant qu'elle résiste, n'est qu'une goutte d'eau
sans mouvement. L'opinion, quand on la contraint de résister, est cette même goutte d'eau
se développant en vapeur, et selon le lieu où
elle est placée, acquérant sous cette forme,
une énergie capable de renverser les obstacles
les plus puissants. Laissez donc l'opinion tranquille ; mais étudiez soigneusement la nature
du malaise qui la produit ; détruisez le malaise, et vous verrez que l'opinion qui vous fatigue, finira d'elle-même, ou sera facilement
remplacée par une opinion plus heureuse.

Les institutions des peuples cesseroient
donc de leur convenir quand, ainsi qu'on le
voit ici, l'opinion malheureusement changée
est sans aucune proportion avec elles. Ce n'est
pas tout, elles ne leur conviendroient pas
pareillement lorsqu'encore, par le simple
effet du temps, par l'action des mœurs qui
se dépravent, par le développement des
arts qui agissent beaucoup plus sur les principes des gouvernements qu'on ne l'imagine,
elles se trouvent hors de l'intention première
du législateur, et manquent le but qu'il
s'étoit proposé en déterminant leurs limites et
leur forme. Alors, leur esprit est totalement
perverti ; alors, au lieu de diriger, elles fati-
guent, et les innovations y deviennent néces-

saires; n...s innovez avec sagesse ; mais, en faisant des changements dans les institutions d'un
peuple, n'oubliez jamais de lier ces changements aux principes essentiels qui le constituent, afin que conservant toujours les mêmes
maximes, ce peuple conserve toujours aussi
le même caractère ; afin que ses mœurs demeurent ce qu'elles ont toujours été, ou, qu'en se
réformant, elles ne deviennent que ce qu'elles
étoient autrefois.

On ne transporte pas impunément un peuple
d'une manière d'être dans une autre. Il y a tout
à parier que dans ce passage, ou il périra dans
des convulsions funestes, ou il perdra le peu
de mœurs qui lui reste, et ne conservera de sa
première situation que les vices qu'elle avait
produits. Retenez bien cette maxime : les
mœurs se font, on ne les fait pas. Il n'y a point
de mœurs dans les usages nouveaux, il n'y en
a que dans les usages dont l'origine est loin-
taine, ou dans ceux qu'on a l'adresse d'en faire
dépendre. Si par un concours d'événements
imprévus, on se trouvoit dans le cas de constituer presqu'en entier un peuple déjà vieilli,
ce seroit donc encore à des habitudes déjà
prises, *à des coutumes anciennement respectées*, qu'il faudroit associer ses nouvelles lois.

Ainsi, en même temps que vous détermine-
riez son existence politique, vous ne porteriez
aucune atteinte à son existence morale, et à
côté des lois que vous lui donneriez, il trouveroit aussi des mœurs.

Je ne connois que la Religion qui puisse
donner des mœurs en rompant l'allure ordinaire des peuples ; mais cela même prouve
ce que j'avance. La Religion, dès qu'elle se
montre, devient un préjugé, et le plus fort
de tous les préjugés. Et puis, rien en elle ne
porte le caractère de la nouveauté. Il y a toujours dans la religion quelque chose d'éternel.
Or, si le temps a une puissance, on voit bien
qu'elle doit en avoir davantage.

Il faut que je dise un mot d'une opinion de
Loke qu'on a beaucoup trop vantée. Loke vouloit qu'à de certaines époques les peuples pro-
cédassent à l'examen et à la révision de leurs
lois, et on a regardé cette fantaisie comme
une de ses plus belles idées politiques. Loke
ne voyoit pas que c'étoit un moyen sûr d'ôter
aux lois cette force de préjugé que je viens
de démontrer si essentielle à leur influence,
si nécessaire pour leur empire. Il ne voyoit pas
qu'en fixant ainsi des époques éclatantes pour
la réforme des lois, il accoutumoit les esprits

2

à prévoir leur chute et à n'en faire dès-lors qu'un vain système ; que, de cette manière, il détachoit les lois de la conscience et des habitudes des peuples ; qu'en un mot, il assujétissoit à la même révolution les mœurs et les lois : méthode infaillible pour perdre à-la-fois les lois et les mœurs. Enfin, Loke ne voyoit pas que ces époques de réforme ne seroient jamais autre chose que des époques de licence et d'anarchie, les passions se préparant de loin à jouer un rôle en de telles circonstances ; et quand une grande agitation s'empare des têtes, ainsi qu'il ne manque jamais d'arriver alors, les hommes à vues singulières et hardies, prévalant toujours sur les hommes à combinaisons simples et profondes.

J'aime bien mieux ce législateur de je ne sais plus quelle république grecque, qui vouloit que quiconque proposeroit dans les assemblées du peuple une loi nouvelle, ne s'y présentât qu'avec les instruments de son supplice, afin que dans le cas où la loi seroit rejetée, il fût puni sur-le-champ comme perturbateur de l'État. Celui-là avoit parfaitement senti combien l'instabilité des lois est funeste à la morale des peuples, et jusqu'à quel point le repos des opinions humaines doit être respecté.

S'il lui paroissoit impossible d'empêcher absolument les innovations dans les lois, du moins par le danger qu'il avoit préparé à celui qui tenteroit en ce genre des innovations peu nécessaires, avoit-il travaillé autant qu'il était en lui, à modérer cette envie naturelle d'entreprendre, si satisfaisante pour l'amour-propre, mais presque toujours si dangereuse quand elle porte son action sur l'organisation intérieure des peuples et les éléments si délicats et malheureusement quelquefois si faciles à troubler de leurs habitudes et de leurs mœurs.

12. Résumons ce qu'il y a de plus important dans ce que je viens de dire. Il seroit donc vrai :

Récapitulation des caractères des propriétés la loi.

Que la loi, sous quelque point de vue qu'on l'envisage, soit en elle-même, soit dans ses rapports avec les hommes ou les peuples, n'est autre chose en dernière analyse, que la raison essentielle et suprême, distribuant l'ordre et déterminant les directions des êtres dans l'univers.

Et de cette vérité, vous auriez trouvé qu'il résulte :

1° Que parce que les hommes ne peuvent

pas faire la raison essentielle et suprême, la loi en aucun sens ne peut être regardée comme leur ouvrage ;

2° Que parce que la loi n'est pas l'ouvrage des hommes et qu'elle est éminemment la raison essentielle et suprème à laquelle chacun doit obéir, elle est de sa nature essentiellement obligatoire ;

3° Que parce que la loi est la raison essentielle et suprème, et que la raison ne peut changer, il y a nécessairement un caractère de perpétuité dans la loi, soit qu'on la prenne en elle-même, soit qu'on la considère comme consentie par les peuples ;

4° Que quoique la loi soit perpétuelle de sa nature, néanmoins les peuples peuvent très-bien passer d'une loi à une autre sans blesser en rien le caractère de perpétuité inhérent à la loi ;

5° Et en dernier lieu, qu'attendu que la loi considérée comme régissant les peuples, se lie profondément aux mœurs et aux habitudes des peuples, il est très-important, afin de ne pas altérer leur morale, de les maintenir le plus qu'on peut dans les lois d'après lesquelles ils sont constitués ; et à ce propos, j'ai fait connoître tous les dangers auxquels on s'expose en changeant de lois, et pourquoi, toujours, il y a quelque danger dans ce changement.

13. Ainsi, après avoir défini la loi, j'ai déterminé ses propriétés principales.

Comment loi doit -elle être faite ou trouvée comment doit elle être réfomée ?

Maintenant, je voudrois chercher comment la loi considérée comme constituant les peuples doit être faite, ou plus exactement, doit être trouvée.

Comment ensuite, lorsque les circonstances l'exigent, la loi considérée comme constituant les peuples doit être réformée.

14. Et d'abord, de quelle manière doit-on procéder à la recherche et à la confection de la loi constitutive des peuples ?

Sur la premi partie de la qu tion, il faut v à qui il appartie de rechercher loi, à qui il a partient de consentir.

Cette question en renferme deux qu'on peut énoncer ainsi :

A qui appartient-il de chercher la loi constitutive des peuples ?

A qui appartient-il de reconnoître et de consentir cette loi ? Et, parce qu'on a vu que c'est aux peuples qu'il est réservé de la reconnoître et de la consentir, qu'est-ce qu'il faut entendre par ce mot *peuple*, lorsqu'il s'agit du consentement à la loi ?

Je m'occupe de la première question.
Qui est-ce qui doit rechercher la loi constitutive des peuples?

Pour résoudre cette question avec quelque
succès, il faut se former une idée exacte de
l'importance de cette loi, et des qualités su-
périeures dont doit être pourvu celui qui s'occupe d'en faire la recherche.

De l'importan-
ce et de la diffi-
ulté de la loi.

15. La loi par laquelle on constitue un
peuple est la plus grande combinaison morale dont l'esprit humain puisse s'occuper.

S'il s'agit de
constituer un
euple déjà vieilli
t dont le terri-
ire soit d'une
rtaine étendue.

16. C'est une combinaison presque sans
bornes, si le peuple qu'il s'agit de constituer,
n'est plus un peuple nouveau; s'il connoît les
arts et les rapports multipliés qu'ils enfantent;
s'il occupe un territoire d'une grande étendue;
s'il est nombreux, et si par l'effet du nombre
et de la richesse, les professions ou les manières de vivre y sont extrêmement variées.

Il faut voir comment un tel peuple a cessé
d'être un peuple nouveau; c'est-à-dire, par
quels périodes il a passé pour arriver au degré
de vieillesse ou de décrépitude où il est parvenu; par quel concours de circonstances il a
perdu ses mœurs primitives; de quelle espèce

sont les vices que les arts ou les événements
politiques lui ont apportés ; s'ils peuvent se
détacher facilement de son caractère, ou s'ils
ne sont malheureusement que son propre caractère corrompu ; ce que l'étendue de son
territoire peut lui donner de puissance, de
commodités réelles ; ce qu'elle peut lui donner de luxe et d'ambition ; dans quel système
la population s'y développe ; à quel point
elle est arrivée ; quel est l'esprit des diverses
professions qu'on y remarque ; comment se
sont formées les opinions, les préjugés, les
maximes qui le dirigent.

Il faut, quand on a vu toutes ces choses,
chercher s'il lui reste quelque habitude, quelqu'institution saine ; car s'il ne lui en reste
plus, il n'est bon qu'à détruire, et c'est folie
que de vouloir le constituer.

Il faut attacher à ce reste d'habitudes, à ces
institutions encore saines, la loi par laquelle
on le constitue ; car on n'a point oublié que
ce n'est qu'ainsi que les lois tiennent aux
mœurs.

Il faut que cette loi soit tellement combinée,
qu'elle embrasse tous les rapports qui naissent des diverses positions sociales où l'homme
peut se trouver ; car, partout où la loi ne

prolonge pas son influence, l'homme ne tarde guère à poser une fausse maxime, et avec cette fausse maxime, un vice ou un abus.

Il faut que cette loi soit tellement simple, qu'elle ne résulte que d'une seule idée, laquelle aille se reproduisant sans cesse dans toutes les branches et dans toutes les directions de la loi ; car nos habitudes ne sont jamais plus fortes que lorsqu'un seul principe les produit.

Il faut que l'idée unique, dont la loi ne doit être que le développement, soit tellement naturelle, qu'elle se retrouve, pour ainsi dire, à tous les instants dans la conscience de chacun, afin qu'en faisant ce que veut la loi, ce soit moins à elle encore, qu'à la raison essentielle et suprème qu'on obéisse.

Il faut qu'elle soit tellement composée, qu'il ne s'y trouve aucune contradiction entre ses diverses parties ; car, de la contradiction entre les diverses parties de la loi, naissent les opinions qui divisent, et cet esprit d'examen et de doute non moins fatal à la morale des peuples qu'à leur repos.

Enfin, il faut qu'elle soit tellement prévoyante, qu'elle devine l'avenir ; que, sans avertir de tout le mal qui peut se faire, elle le prévienne ; que, sans vouloir créer tout le bien à-la-fois, ce qui n'est jamais possible, elle dispose les choses de manière à ce que le temps seul puisse le faire éclore ; car, *la loi constitutive d'un peuple est aussi le système d'éducation de ce peuple ;* et, dans une excellente éducation, c'est moins à faire qu'à prévoir, à commander qu'à conduire, qu'il convient de s'attacher.

17. La combinaison est pareillement très-étendue, si le peuple qu'il s'agit de constituer n'a que des habitudes simples, et n'occupe qu'un territoire d'une petite valeur. Alors, il faut chercher tout ce qui peut maintenir les habitudes simples, et faire chérir la médiocrité de la puissance ; alors, il faut donc connoître tout ce qui fait qu'on veut accroître la puissance, tout ce qui fait qu'on aime à quitter ses habitudes ; alors, il faut donc avoir sous les yeux le système tout entier de la nature humaine, avec les motifs qui la déterminent, les passions qui la troublent, les circonstances successives qui la corrompent ; et il faut l'avoir sous les yeux, afin d'ôter à l'esprit son ambition naturelle, aux désirs leur inquiétude accoutumée ; aux penchants leur vivacité dangereuse ; et il faut l'avoir sous les yeux, afin

S'il s'agit d'un peuple simple, dont le territoire est d'une petite étendue.

de produire partout et dans tous les sens,
cette modération qui convient aux petites fortunes, et qui les conserve ; afin de préparer,
par la manière dont on fixe les positions domestiques et sociales des individus, ces maximes, ces préjugés, ces usages, qui font qu'on
est modéré sans effort, et qu'il en coûte pour
ne l'être pas ; afin d'amener, en un mot, ces
mœurs uniformes et tranquilles, le meilleur
appui des lois, parce que le besoin que de telles
mœurs ont de la durée des lois, ressemble au
besoin que la paresse a du repos.

S'il faut carac-
tériser ce peuple.

18. La combinaison est encore très-étendue, si l'on réfléchit que, constituer un peuple,
c'est en même temps le caractériser. La morale est sans doute la même pour tous les hommes, à quelque société politique qu'ils appartiennent ; et cependant, il est vrai de dire qu'un
peuple n'est jamais plus profondément moral,
que lorsqu'il y a dans ses mœurs une certaine
différence caractéristique qui fait qu'il est un
tel peuple, et non pas un autre ; c'est que
nous mettons plus de volonté dans les choses
qui nous distinguent que dans les choses qui
nous sont communes avec tous ; c'est qu'aussi
nos affections sont d'autant plus vives, qu'elles
ont un objet plus déterminé.

Or, donner à un peuple le caractère qui lui convient, n'est certes pas un petit travail. Il faut étudier le climat, le sol, la position géographique de ce peuple; il faut observer les penchants, les affections, les passions qu'apportent le climat, le sol et la position; il faut saisir ce qu'il y a d'original dans ces penchants, dans ces affections, dans ces passions; ce que la nature donne, et ce qu'elle seule peut donner. Il faut ôter à cette originalité ses défauts, ses excès, mais la conserver soigneusement à travers toutes les institutions qu'on imagine; mais la fortifier par toutes ces institutions, afin qu'elles en tirent de la force à leur tour. Ainsi, la loi devient puissante, parce qu'elle n'est en quelque sorte que le développement du naturel; ainsi, le naturel devient énergique, parce que la loi l'aide de toute sa puissance.

19. Ajoutez à ceci, afin de mieux concevoir toutes les difficultés d'une combinaison sociale, les obstacles sans nombre que, selon les époques où l'on est placé, ne manque pas de susciter l'intérêt personnel; et voyez de quelle sagacité, de quelle prudence, de quelle patience on a besoin, pour ne pas heurter trop de passions à-la-fois, pour ménager les préjugés

Si le législateur a beaucoup d'obstacles à vaincre.

qu'on veut détruire; pour ne point choquer
les coutumes reçues, alors même qu'on introduit d'autres coutumes destinées à les rem-
placer un jour; voyez, comme il faut unir
l'esprit de conduite à la profondeur des vues
si l'on ne veut point échouer dans l'exécution
de ses desseins; comme il faut être ferme pour
ne jamais se laisser détourner de sa route;
comme il faut être discret pour ne pas toujours
la montrer; de quelle habileté, surtout, il
faut être doué pour faire successivement souhaiter tout le bien qu'on veut entreprendre.

Qualités émi-
nentes que doit
avoir le législa-
teur, ou celui qui
cherche la loi.

20. Je ne fais qu'indiquer; mais on en voit
assez pour être convaincu, qu'entre toutes les
tâches que l'esprit humain peut se proposer, il
n'en est point qui demande des conceptions
aussi fortes, un aussi grand ensemble de moyens
et d'idées, une expérience aussi fine, aussi rai-
sonnée, une capacité aussi vaste que celle qui
est nécessaire pour constituer un peuple.

Et ce n'est rien que la capacité, que l'expérience, que les conceptions fortes, que l'ensemble des moyens et des idées, si l'on ne joint
à tout cela une probité sévère, un désintéressement à toute épreuve, toutes les vertus que
produit l'amour profond de la justice, et cette

sensibilité morale, plus rare encore que toutes les vertus ; cette sensibilité que le mal le plus léger importune, et que je ne peux mieux définir qu'en l'appelant l'organe avec lequel on saisit le bien partout où il est, et avec lequel encore on le démèle partout de son apparence.

J'ai besoin de prouver cette vérité. Prenez garde que chaque science trouve dans l'homme des facultés qui lui sont relatives ; que dès-lors plus l'homme a de facultés, et plus il peut parcourir de routes dans le domaine des sciences ; mais aussi que, par une raison contraire, moins ses facultés sont nombreuses, et plus il y a dans ce domaine de routes fermées pour lui.

Nous ne pouvons savoir qu'en réfléchissant sur les idées que nous apportent les facultés dont nous sommes pourvus. Si, en nous appliquant à une science, nous manquons d'une faculté principale pour l'étudier avec succès ; nous manquerons donc aussi de toutes les idées que cette faculté devoit nous apporter. La réflexion chez nous n'opérera que sur des données incomplettes, et nous bornerons sans nous en douter la science elle-même faute d'aperçus suffisants pour en deviner l'étendue.

Vous voulez acquérir la connoissance des hommes et je ne remarque point en vous

cette sensibilité précieuse, dont je parle ici.
De quelles facultés alors ferez-vous usage en
vous livrant à cette étude si profonde et si difficile (1)? De toutes celles de votre esprit?.....
Vous connoîtrez donc des hommes, tout ce
qu'on peut en connoître par l'application de
l'esprit? Mais toutes ces idées, toutes ces observations, mais cette expérience aussi variée,
aussi sûre qu'infinie, dont la sensibilité morale
est le principe, n'existant pas pour vous, que
de choses vous manquent encore pour réussir
dans ce qui fait l'objet de vos observations !
Et comme rien ne peut suppléer à ce qui vous
manque, sans doute vous ferez un systême où
l'on apercevra peut-être une certaine exacti-
tude dans les recherches, et même une certaine vérité dans les résultats; mais ce systême
avec sa froide justesse, ressemblera-t-il beaucoup à celui de la nature?

Or, si comme vous n'en doutez pas, la con-

_____

(1) Le mot *faculté* n'est pas pris ici dans son acception
ordinaire. Je n'entends exprimer par là que l'aptitude,
que la disposition naturelle que nous avons à faire telle
ou telle chose. Tous les hommes ont les mêmes facultés,
mais ce qui fait qu'ils ne se ressemblent pas, c'est que
chez les uns telle faculté prédomine, tandis que chez
les autres c'est une faculté différente.

noissance des hommes est la plus indispensable science du législateur ; si dans ce genre, comme vous le voyez, pour tout connoître, il faut être organisé pour tout sentir, je suppose dans l'hypothèse où je vous place que vous êtes appelé à constituer un peuple, vos lois seront-elles tout ce qu'elles doivent être? Vous trouverez des lois justes, je le sais, car avec des intentions droites, il est difficile qu'on heurte les principes éternels de la raison ; mais à coup sûr, on désirera dans vos lois une sagesse plus profonde et plus fine que celle qui s'y fera remarquer ; on y cherchera des institutions mieux associées aux affections naturelles de l'homme, une plus grande généralité de vues, une prévoyance plus étendue, une fécondité de moyens plus considérable.

21. Et que sera-ce, si vous voulez vous occuper de morale et de lois avec une âme vicieuse et corrompue ? *Moralité du législateur.*

On ne comprend pas assez combien le vice restreint la capacité naturelle de l'esprit ; comment en empêchant ou en diminuant le mouvement qui porte l'esprit à s'élever vers la vérité, il obscurcit ou borne l'étendue des régions qu'il pourroit parcourir ; comme en séparant l'esprit de la conscience qui est le foyer naturel de son énergie, il le fausse, l'attiédit ou le dessèche ; comme il ôte à ses facultés leur puissance ; comme il rend ses opérations incertaines ; comment par sa funeste influence, la pensée devient moins originale, moins féconde, et perd en se manifestant, de sa dignité, de sa force, et de son empire.

On ne sait pas assez pareillement que la vertu aussi a une expérience et des idées que le vice ne sauroit avoir ; qu'elle voit autrement et au-delà ; qu'elle sent où le vice ne peut rien sentir ; car le vice, surtout dégénéré en habitude, est une paralysie de l'âme. Dans le lieu qu'il occupe, il n'y a point pour l'âme de tact moral, et il est très-vrai de dire, et dans tous les sens, que le vice diminue l'être de l'homme, comme la vertu l'augmente et l'agrandit.

Et puis il y a dans le vice une certaine hypocrisie dont il lui est impossible de se dépouiller ; et si l'hypocrisie peut faire quelque bien apparent, ce n'est qu'avec la sincérité que le bien vrai, ou tout entier, peut se faire. J'ai souvent tenté cette expérience, et toujours avec succès. Voulez-vous connoître un homme qui cache son caractère, parce

qu'il a un grand intérêt à le cacher? Posez en
sa présence une question de morale comme
sans y penser, et laissez-lui le soin de la résoudre. Je suis sûr qu'il se mettra à découvert par la seule manière dont il la résoudra.
Toutes les maximes qu'il emploiera pour cet
effet ne seront pas fausses; car l'erreur sans
aucun mélange de vérité n'est bonne à rien;
mais il s'en trouvera de certaines qui ne seront là que pour l'apologie de ce qui se passe
au fond de son cœur, que comme l'excuse
indirecte de quelque vice ou de quelque
habitude méchante qu'il veut vous dérober.

Nos penchants feroient donc nos maximes;
et alors il seroit vrai qu'il n'y a rien d'u-
niversellement bon , rien d'universellement
juste à espérer en législation, de quiconque obéit à des penchants vicieux. Avec
des vices, cependant, vous pourrez aussi faire
des lois qui auront quelque utilité momentanée, et même quelque justice particulière;
car toutes les fois que l'objet de vos lois ne
sera pas en contradiction trop décidée avec
vos penchants, il n'y a pas de raison pour que
le bien et le vrai échappent à votre attention;
mais cette grande loi par laquelle on constitue un peuple, cette loi qui lui donne sa

morale et ses mœurs ; cette loi, d'après ce
que je dis ici, pensez-vous qu'il soit dans la
puissance d'un homme corrompu d'en concevoir le plan, d'en saisir l'étendue, et d'en
combiner l'ensemble?

Cromwel étoit un homme d'une habileté
politique vraiment extraordinaire, et Cromwel n'eût été qu'un mauvais législateur. Si,
comme l'a très-bien dit un moraliste célèbre
du siècle passé (1), le cœur est le lieu naturel
de la vérité, je le demande, quelle vérité
Cromwel auroit-il pu mettre dans ses lois,
lui qui toute sa vie n'avoit rien cherché dans
son cœur? Et ces grandes intentions morales
qui ne se montrent à l'esprit qu'autant que le
cœur les lui découvre, ces intentions sans
lesquelles la législation n'est qu'une combinaison inféconde et bornée, comment seroit-il parvenu à en soupçonner l'existence?

Un législateur qui seroit vraiment digne de
ce nom, devroit donc, comme vous le voyez,
rassembler en lui les qualités les plus rares,
une intelligence presque sans mesure, une
sensibilité égale à son intelligence, *une
connoissance certaine de toutes les des-*

_____

(1) Nicole.

tinées de l'homme; et encore arriveroit-il qu'il ne rempliroit sa tâche que d'une manière incomplette, si à des dons si peu communs il n'unissoit la plus haute vertu et cet esprit de modération dont le désintéressement est la base, et sans lequel la vertu la plus haute se borne elle-même dans l'exercice de sa puissance et de son autorité.

22. Ainsi, et d'après ce que j'expose ici, ce ne seroit pas à des hommes ordinaires qu'il appartiendroit de rechercher ce que doit être la loi constitutive d'un peuple, soit qu'il s'a-gisse d'un peuple nouvellement formé, soit qu'il faille rappeler à ses premières mœurs un peuple depuis long-temps corrompu. Et si l'on veut réfléchir sur l'unité de principes à laquelle une pareille loi doit se rattacher, unité, comme je l'ai dit, qu'il est si nécessaire de reproduire dans chacune des parties dont elle se compose, sans doute on conviendra qu'elle n'approchera jamais de la perfection de plus près, c'est-à-dire, qu'elle n'opérera jamais mieux le bien moral qu'on est en droit d'en espérer, qu'autant qu'elle sera le résultat des méditations d'un seul ; ou si plusieurs doivent s'en occuper, qu'autant que cependant, afin

[marginal note:] Qu'autant qu' se peut, il f que le soin chercher la constitutive soit confié q un seul homm ou du moins d peu s'en oc pent.

qu'elle ressemble toujours à l'œuvre d'un seul, ceux-là seront tellement choisis, qu'avec le même désintéressement, la même cons- cience, la même sagesse d'esprit, il leur devienne facile de se rencontrer dans les mêmes pensées (1).

_____

(1) Ces observations sur le caractère du législateur, et sur la loi constitutive d'un État, me furent suggérées par le spectacle que me présentoit l'assemblée consti- tuante où, quoiqu'après avoir tout renversé, il ne s'agît de rien moins que de tout reconstruire, on n'a- vançoit dans cette œuvre qui demande tant de calme et si peu de bruit, qu'à travers des luttes violentes et sans cesse renouvelées ; luttes dans lesquelles le bon sens, qui est ami du repos, n'a que trop ordinairement succombé. Ces gens-là (je parle de la faction qui a triomphé), mûs par les passions les plus ardentes et malheureusement aussi les plus viles, haranguoient beaucoup et ne méditoient jamais. Chacun, selon que le vouloit ou son intérêt, ou son amour-propre, ou le plaisir qu'il trouvoit à détruire, apportoit à son tour un discours, des injures et un lambeau de loi ; et c'est parmi ces injures et avec ces discours et ces lambeaux, et sans soupçonner que de leur travail alloient dépendre toute la morale et toutes les mœurs d'un grand peuple, qu'ils nous fabriquèrent leur étrange constitution, source pour nous de tant de sottises, de misères et de crimes. Ils ne craignirent pas de l'offrir à l'admiration des hom- mes, comme le plus beau code de liberté qu'on eût

23. Je peux dire maintenant à quelles personnes convient la qualification du mot *Peuple,*
lorsqu'on recherche de quels individus doit
se composer le peuple appelé à consentir la
loi.

Du consente-
ment à la loi, ou
du peuple qui
doit consentir la
loi.

24. Mais avant tout, il m'importe de démontrer la fausseté d'une opinion encore trop
généralement adoptée. Je veux parler de

Réfutation de
l'erreur de ceux
qui croyent que
la loi est l'expres-
sion de la volonté
générale.

encore imaginé ; et afin qu'on n'en doutât point, on n'a
pas oublié, sans doute, qu'ils firent comparoître à leur
barre, pour les complimenter, une députation du genre
humain, laquelle, lorsqu'on voulut aller aux enquêtes, se
trouva malheureusement n'être autre chose qu'une association de quelques gens de lettres et de quelques ramo-
neurs de cheminée, qu'on avoit réunis pour bien dire.
On couroit alors de grands risques à signaler tant d'ou-
trages faits à la raison : ils vous livroient à ce qu'ils ap-
peloient le bon peuple, comme on livroit jadis les premiers chrétiens aux bêtes, et je me rappèle qu'il faillit
m'en coûter cher pour m'être permis de troubler un peu
leur joie par un écrit sévère, où je leur démontrois que
leur prétendu code de liberté étoit le code le plus absurde
de despotisme, d'anarchie et d'immoralité, dont le génie
du mal se fût avisé jusques-là. C'est à ces docteurs que
nous devons les idées libérales, les calomnies par les
journaux, et l'art si précieux d'empêcher les gens de
parler, quand on n'a rien de bon à leur répondre.

l'opinion de ceux qui oubliant que la loi ne
doit jamais être autre chose que la raison
écrite, et que les hommes, comme je l'ai dit
plus haut, ne font pas la raison, se sont avisés
d'en placer l'origine dans la volonté des individus qui l'examinent et qui l'acceptent, et
en conséquence de la définir *l'expression
de la volonté générale.*

D'abord je ne sais pas s'ils se sont bien compris eux-mêmes, lorsqu'ils nous ont parlé de
la volonté générale. Il me semble qu'il n'est
pas besoin de réfléchir long-temps sur la nature de la volonté, pour demeurer convaincu
qu'elle est essentiellement individuelle ou
personnelle. Chaque homme a sa volonté
propre, comme il a son intelligence et sa
pensée; et je ne pourrois croire à la volonté
générale, qu'autant que sous toutes les intelligences, quelle qu'en soit la diversité, Dieu
pour les mouvoir, n'auroit placé, qu'une volonté unique. Or, comme il n'en est pas ainsi,
qu'est-ce donc que cette volonté générale
dont on nous parle tant, sinon une volonté
entraînante ou dominante, qui empêche les
autres volontés moins énergiques de se produire? et parce que les motifs qui déterminent
une pareille volonté sont rarement désinté-

ressés, parce qu'il n'arrive que trop souvent
qu'elle obéit à quelques-unes de ces passions
ambitieuses qui, pour mieux tromper, s'environnent de tant de prestiges, vos lois, alors,
et dans cette hypothèse, que seroient-elles, si_
non de grandes erreurs opérées par une grande
séduction?

Et puis, il n'y a pas plusieurs manières de
découvrir la vérité. C'est par l'attention de
l'esprit uniquement qu'on l'obtient, et à coup
sûr, notre esprit ne devient attentif, qu'autant
que notre volonté séparée de toutes les volontés environnantes et se recueillant en elle-
même lui communique de sa force et de son
indépendance, c'est-à-dire, qu'autant qu'elle
devient individuelle. Une pareille proposi-
tion, qui n'est contestée par personne lorsqu'il s'agit des vérités de l'ordre naturel ou
physique, ne peut pas l'être davantage lorsqu'on l'applique aux vérités morales. La volonté, dans ce cas, n'est autre chose que la
conscience. Et qui ne sait que ce n'est point
dans la conscience des autres qu'il nous faut
aller chercher les notions du juste et de l'injuste, éléments nécessaires de toutes les vérités morales, mais dans la nôtre seulement!
que plus notre conscience se dégage des in-

fluences étrangères, que moins elle est distraite par des considérations empruntées du dehors, et plus nous sommes disposés à écouter cette parole intérieure, *cette parole de l'éternité* qui demeure en nous, qui ne s'y prononce que pour le bien, dont le suffrage nous donne la paix, mais dont les avertissements négligés nous condamnent aux remords!

Ceci convenu :

Qu'est-ce qu'il faut entendre par le peuple qui consent la loi ?

25. Comme les lois ont pour objet de nous diriger en qualité d'êtres moraux, il est clair qu'elles rentrent dans la classe des vérités morales, et que dès-lors elles exigent de la part de celui qui est appelé à les consentir, c'est-à-dire je le répète, à vérifier si elles ne blessent en rien la vérité éternelle ou la loi suprême, qu'il jouisse de toute l'indépendance de sa volonté et qu'aucune circonstance résultante ou du pouvoir qui intimide ou de la condition qui asservit, ne l'empêche d'agir selon ce que lui prescrit sa conscience.

Or, il faut ici distinguer entre les peuples et les peuples, et encore entre les diverses époques de la civilisation chez un même peuple. Il y

a des peuples chasseurs, pasteurs et agricul-
teurs ; il y en a chez lesquels l'agriculture a
produit toutes les industries et enfanté tous
les arts.

Quelques lois très-simples suffisent aux
peuples chasseurs ou pasteurs ; et comme ils
n'ont qu'une même manière de vivre, et si
je peux parler ainsi, que le même bon sens ;
que leurs intérêts domestiques ne sont pas
opposés ; que les individus ne s'y trouvent
jamais placés dans un état d'effort habituel
les uns contre les autres, ainsi qu'il arrive
dans nos sociétés trop civilisées, on voit pourquoi, par exemple, chez les Francs nos
aïeux et dans toutes les peuplades de la Ger-
manie, nul n'étoit exclu des assemblées délibérantes aussitôt qu'il pouvoit se servir de
la lance et porter le bouclier. Les objets sur
lesquels on y avoit à délibérer étoient à la
portée de toutes les intelligences, et il ne se
trouvoit pas là de volontés qu'on pût assujétir.

Il faut peu de lois aussi, mais d'une autre
espèce, à un peuple presque uniquement
adonné à l'agriculture et qui ne connoît des
arts que ceux qui s'y rapportent immédiatement ; surtout, si comme dans la loi de
Moïse, ce peuple par sa loi civile a eu la

sagesse de vouloir que les héritages se per-
pétuassent dans les mêmes familles (1). Un

---

(1) Je voudrois que ceux qui se mêlent d'écrire sur la
législation prissent la peine d'étudier l'esprit des lois de
Moïse, et qu'ils remarquassent comment cet homme
extraordinaire, véritablement rempli d'une sagesse divine, a su distribuer, pour ainsi dire, la Religion dans
toutes ses lois, retenant par une grande espérance tout
un peuple dans les mêmes mœurs ; séparant de ces
mœurs, par sa loi sur les héritages, par l'impossibilité
des mutations dans la propriété, ce qui contribue le
plus à les altérer et à les corrompre ; opérant ainsi entre
les familles, entre les individus, cette grande fraternité
qui faisoit du peuple d'Israël un peuple à part, et qui
subsiste encore comme aux premiers jours. Qu'eût-il
pensé, s'il eût entendu nos modernes docteurs mettre
au nombre des adages politiques, qu'afin que les gouvernements prospèrent, c'est-à-dire, afin qu'ils ajoutent à
leurs revenus quelques-uns de ces profits obscurs que
le génie de la fiscalité peut seul découvrir, il importe
surtout que les propriétés changent' fréquemment de
mains, c'est-à-dire, que moins nous serons attachés aux
lieux qui nous ont vus naître, moins nous aimerons à
nous y environner du souvenir de nos aïeux, moins
nous mettrons de stabilité dans nos habitudes sociales ,
et plus il y aura de disposition en nous à être bons pères,
bons fils, bons citoyens, et plus nous ferons de progrès
dans la science du bonheur véritable? Pauvres gens que
nous sommes! quand est-ce donc que nous compren-
drons que la morale est la base des lois, et que spéculer
sur les erreurs ou les abus, ce n'est pas gouverner ?

tel peuple est beaucoup plus gouverné par les
mœurs que par les lois. Qu'on y fasse at-
tion , l'agriculture de soi est laborieuse ,
patiente et paisible. Elle est même naturellement religieuse, à moins qu'ainsi qu'il arrive
chez nous par le régime absurde qu'on lui a
donné et dans lequel on persiste, on n'imagine
de substituer aux vertus qui lui conviennent,
les vices et les passions des villes. Or , là où
la paix est le premier besoin, où l'aisance
est le fruit de la patience et du travail , où la
Religion, surtout, règle les penchauts et gouverne les habitudes, on voit bien que les lois
n'ayant presque rien à réprimer, ne doivent
avoir ni ce caractère de défiance qu'on remarque dans les lois des peuples corrompus,
ni être compliquées et nombreuses.

De ces observations, je conclus que lorsque la profession dominante est presque exclusivement chez un peuple la profession
agricole, c'est en général aux chefs de famille propriétaires du sol qu'il appartient
de consentir les lois. Je fais ensuite cette
distinction, et je dis : ou chez ce peuple les
biens ruraux restent dans les mêmes familles,
ou ils peuvent en sortir par vente, dona-
tion, etc. Dans le premier cas, aucun chef

de famille ne doit être exclu de la faculté
de consentir la loi, car je ne vois encore là
aucune volonté qui ne puisse se conserver
indépendante, aucune conscience qui ne
puisse demeurer libre. Dans le second cas,
et lorsque par l'effet de l'aliénation, les héritages ont été morcelés, de manière que les uns
ayant beaucoup plus, et les autres ayant beaucoup moins, ceux qui ont beaucoup moins
se trouvent naturellement dans la dépendance
de ceux qui ont beaucoup plus, ce n'est
alors qu'aux chefs de famille propriétaires
d'un certain ordre, que la faculté de consentir la loi doit être réservée; car, je commence à voir ici des volontés qui peuvent
être facilement asservies, et des consciences
qu'on peut obliger à se taire.

Mais si par l'aliénation successive et la division des héritages, l'agriculture a fait des
riches et des pauvres; si l'industrie qui naît
entre la pauvreté et la richesse, qui s'accroît
comme la nécessité, qui invente toujours
afin de procurer à celui qui n'a pas les moyens
d'obtenir, n'est plus limitée dans ses progrès;
si aux arts immédiatement nécessaires ont
succédé les arts de commodité; si de ceux-ci,
et à mesure que l'habitude de jouir et d'abuser

s'est accrue, sont provenus les arts de luxe ;
si toute cette industrie, tous ces arts ensuite
retombant sur le caractère d'une nation,
tendent à détruire ce que la nature y a mis de
simple, de sincère, d'original, d'énergique ;
et encore, si à cause de la multitude presqu'in-
calculable de rapports qu'un pareil ordre
de choses rend inévitables, il y a plus d'occasions de séduire, de tromper, de dépendre ;
ou, en d'autres termes, plus de facilité pour
corrompre, plus de circonstances qui exposent
à être corrompu, le problème, je l'avoue,
paroît se compliquer ; et cependant toujours,
c'est par les mêmes principes qu'il faut le
résoudre ; car, au fond, rien ne change ici ;
et toujours il sera démontré que pour être
appelé à consentir la loi, il importe, avant
tout, d'être en pleine puissance de sa conscience et de sa volonté. On a le droit de ré-
cuser un juge, un juré, dans les tribunaux,
toutes les fois qu'on est en état de prouver
que le juge, que le juré, sont, ou parents, ou
alliés, ou même en communauté habituelle
d'intérêts avec l'une ou l'autre des parties.
Et pourquoi ? Parce que le législateur a pensé
que la parenté, l'alliance, la communauté
d'intérêts, peuvent influer jusqu'à un certain

point sur les opinions , et rendre les jugements plus ou moins arbitraires. Et lorsqu'il
est question de ces lois principales dont dépendent et le bonheur, et le repos, et la
morale, et les mœurs, et les destinées de tout
un peuple, on croiroit avoir moins de précautions à prendre, et pouvoir se contenter de
consciences moins libres et de volontés moins
pures! Ainsi, je le répète, les principes restent ici les mêmes.

Or, on aura trouvé ce qu'il convient de
faire, si entre les conditions dont la société
se compose, parmi les professions qu'elle
rassemble, il s'en trouve une qui donne moins
de prise aux événements que les autres ; qui
se détache moins des mœurs, des usages, des
coutumes antiques ; qui se rapproche plus de
la nature que des hommes , de la nature qui
ne tourmente pas, que des hommes qui, lorsqu'ils ont entr'eux trop de points de contact,
se gênent, s'empêchent et ne s'aident plus ;
qui par sa stabilité, par son poids, si je peux
parler ainsi, se maintienne plus étrangère
à tous les mouvements désordonnés des passions, et à tous ces excès d'espérance et de
crainte auxquels le jeu des passions nous expose ; qui par elle-même, dès-lors, soit plus

amie du repos, de la prospérité de l'État, ne gagnant rien dans le désordre, et ne profitant que de ce que la paix lui permet de recueillir; qui ainsi et par toutes ces circonstances se montre plus morale, plus indépendante qu'aucune; et à laquelle d'ailleurs, les intérêts de chacune, quelle que soit leur différence, viennent se rattacher, de manière qu'elle ne peut pas stipuler pour elle, sans stipuler aussi pour toutes.

Je n'ai ni le temps ni l'intention de tout dire et de tout développer; mais on voit bien que la seule profession qui réunisse tous ces avantages, est encore la profession agricole. Ce sera donc dans son sein spécialement, dans la classe des propriétaires que leur fortune *légitimement acquise,* ou *légitimement transmise par héritage*, met hors de la dépendance des personnes et des choses, qu'on devra toujours chercher ceux auxquels il faudra confier le soin de délibérer sur la loi et de la consentir.

Observez, au reste, qu'il doit y avoir une proportion entre l'étendue de territoire qu'occupe un peuple, et le nombre de ses députés chargés de consentir la loi; que si ce nombre est trop petit, les députés n'auront pas assez de force d'opinion pour lutter avec succès contre la puissance du mal, qui ne hâte que trop ses progrès pour peu qu'on l'abandonne à sa fatale activité ; que si ce nombre est trop grand, on réfléchira moins, on ne s'entendra pas assez, on s'embarrassera dans sa marche croyant aller plus vite ; et quand il s'agit de loi, ce n'est pas d'aller vite qu'il importe, mais d'aller bien.

Observez de plus que s'il est dans les principes d'une bonne législation qu'un député soit propriétaire, cette qualité est encore plus indispensable peut-être dans un électeur. C'est principalement du vice des élections et du mauvais choix des députés que résultent les mauvaises lois. Ici, plus que vous ne le pensez, vous avez donc besoin d'une probité rigoureuse, et de cette indépendance de conscience et de volonté, sans laquelle toutes les probités, en s'attiédissant, ne finissent que trop souvent par composer avec le devoir. Seulement il n'est pas nécessaire que la propriété de l'électeur soit aussi considérable que celle de l'éligible. Ce qu'il faut simplement, c'est que par la mesure d'aisance qu'elle lui procure, et le genre de vie auquel il est accoutumé, il se trouve comme naturellement affranchi de

l'influence du pouvoir quand il entreprend
d'abuser ou de séduire (1).

---

(1) Je voulois développer ici quelques idées sur la
différence qui existe entre les caractères de la propriété
rurale et les caractères de la propriété mobilière ou
industrielle ; j'aurois fait voir comment du jeu de ces
deux propriétés résultent les révolutions , en bien ou
en mal , qui s'opèrent dans les destinées des Etats ;
combien il importe que la propriété mobilière ne surmonte pas la propriété rurale , c'est-à-dire n'exerce pas
sur les mœurs d'un peuple une influence plus grande ,
et même égale à celle de la propriété rurale ; pourquoi ,
lorsque la propriété mobilière a pris le dessus , les habitudes se dépravent, la morale de tous les jours s'affoi-
blit, le caractère national finit par disparoître ? J'aurois
montré surtout que l'élément générateur de la véritable
monarchie n'est que dans la propriété rurale; d'où vient
que lorsque les propriétés rurales ne se maintiennent pas
autant qu'il est possible dans les mêmes familles , et
changent trop fréquemment de mains , la monarchie
incline vers sa décadence ; ce qui résulte d'un grand
bouleversement de propriétés dans la monarchie ; ce
qui fait qu'alors elle est détruite, etc. , etc. , etc. J'avois
exposé presque toutes ces idées dans mon ouvrage pour
Louis XVI ; je les ai reproduites , mais rattachées à des
pensées plus hautes , dans un écrit que j'ai presqu'a-
chevé , et où , après avoir à peu près parcouru le cercle
des principes politiques ordinaires , portant mes méditations sur un ordre de choses plus élevé, et considérant la morale dans ses rapports avec la Religion , je

4

On imagine bien d'ailleurs que je ne suis nullement de l'avis de ceux qui croyent qu'il est bon que l'autorité intervienne sous toutes les formes et par tous les moyens dans les élections. Cette autorité-là n'est jamais celle du prince qui a besoin que la vérité se montre, mais celle de quelques hommes qui, par intérêt, par ambition, par vanité, par des motifs souvent plus odieux, voulant que leurs volontés dominent, ne voyent pas de plus grands obstacles à leurs prétentions exclusives que les idées saines et les opinions généreuses.

On pense encore moins, sans doute, qu'en quelque circonstance que ce soit, j'approuve l'usage qu'on pourroit faire des voies de la menace, du mensonge, de la corruption, pour détourner les suffrages sur telle ou telle tête, et par de si odieuses manœuvres en altérer ou en violenter la liberté. C'est ainsi que s'éteint l'esprit public, que de proche en proche tout s'avilit, que les vices, que les passions basses

---

trace rapidement le tableau des destinées religieuses des peuples, et je montre, à travers les siècles, la marche imposante de cette même Religion qui, à mesure qu'elle avance vers le terme où le temps ne sera plus, laisse tomber les empires quand il n'y reste plus rien qui lui appartienne.

qui s'accommodent si bien de la servitude,
succèdent aux nobles affections, aux sentimens
d'honneur qui dirigeoient auparavant ; que l'é-
goïsme devient le moteur de toutes les espérances, de tous les projets ; et qu'on s'accou-
tume à ne plus trouver rien de profitable dans
la vertu, parce qu'elle demeure inutile.

*Je ne connois pas de plus grand crime
que celui d'ôter à un peuple sa morale.*

Je borne là ce que je voulois dire pour expliquer ce qu'il faut entendre par ce mot
peuple, quand il s'agit du consentement à
donner à la loi.

26. Il ne me reste plus à présent qu'à examiner avec quelle précaution, lorsque des
circonstances impérieuses l'exigent, la loi doit
être réformée.

De la réform
de la loi ou de l
manière dont l
loi doit être ré
formée.

27. J'ai dit en commençant, que la loi
des êtres moraux est une dérivation de
la loi universelle qui régit tous les êtres à
quelque système d'existence qu'ils appartiennent ; et on a vu que cette loi qui régit
tous les êtres est absolument la même chose
que l'éternelle raison. Or, l'éternelle raison
est aussi l'éternelle harmonie, et parce que

But de la loi
De l'harmonie
ou de la socia
bilité des êtr
moraux.

le propre de l'éternelle harmonie est de tendre sans cesse à effacer ou à rappeler à un seul ton toutes les dissonances que les mouvements désordonnés des êtres en général opèrent dans l'univers, on pourroit donc considérer la loi des êtres moraux comme une harmonie particulière émanée de cette grande et première harmonie ; et sous ce point de vue, elle auroit pour objet de surmonter toutes les oppositions qui empêchent les êtres moraux de développer en eux, et de produire au-dehors les affections ou les *consonances* qui doivent les unir. Ainsi, le but d'une pareille loi seroit la sociabilité des êtres moraux portée à son plus haut degré de puissance et d'énergie.

Vous concevrez ceci sans peine si vous réfléchissez sur les fonctions que se partagent entr'elles chacune des lois ou des directions morales dont la loi constitutive d'un peuple se compose.

Vous avez une loi religieuse parce qu'il vous falloit des motifs éternels et des espérances qui n'appartînssent point au temps pour réduire à l'inaction ce fatal égoïsme qui est en vous, qui ne vous quitte pas, qui veille en quelque sorte à côté de chacune de

vos vertus, attentif à saisir le moment où il
pourra les détruire, et qui, lorsqu'elles ont
disparu, fait sortir de lui-même, comme en
multitude, toutes ces passions ambitieuses ou
viles auxquelles on a dû dans tous les siècles
la dissolution de l'ordre social, la dépravation
des peuples, et la chute plus ou moins accé-
lérée des empires.

Vous avez une loi civile parce qu'il falloit
que la cupidité naturelle perdît de sa violence,
que l'avarice fût contenue, que le besoin
d'acquérir ne devînt jamais le besoin de tromper, que la propriété eût ses droits, que son
usage eût ses règles, et que par la manière
dont les droits de la propriété et les règles
auxquelles on doit assujettir son usage seroient
déterminées, on resserrât dans le plus petit
espace possible le mouvement de l'intérêt,
lequel ne peut dépasser certaines limites sans
se convertir en envie de nuire, et profiter
aux dépens de la justice et de la probité.

Vous avez une loi criminelle, parce que
le crime est ouvertement armé contre la société; qu'il ne peut demeurer impuni sans
qu'elle soit en danger; qu'il importe donc
qu'à côté de chaque crime il y ait une peine
prononcée, pour que la peine éveille le re-

mords qui le prévient, et donne de la force aux considérations qui l'empêchent; parce qu'encore, la peine ne doit pas être arbitraire; qu'elle le seroit, si on abandonnoit à celui qui est outragé, le soin de punir à son gré l'outrage ; qu'alors il pourroit y avoir entre les familles une perpétuité de vengeances et de haines beaucoup plus funeste au repos social que le crime même qui en auroit été l'occasion; enfin, parce que l'accusation doit avoir ses formes et sa mesure, afin que l'innocence faussement inculpée puisse facilement se défendre; afin que le mode des jugements ne soit redoutable que pour le crime, et que ce qui doit faire la sécurité des bons citoyens n'en devienne pas l'effroi.

Vous avez une loi administrative, parce qu'il importe que l'Etat prospère; que ce qui concourt au bien général soit encouragé, que ce qui sert à l'utilité commune soit entrepris, que les ressources publiques augmentent *en raison de l'accroissement des ressources ou des richesses particulières* ; parce que, de plus, il convient que les vexations dans l'exercice des divers pouvoirs qui administrent, soient prévenues ou réprimées, afin que l'autorité qui doit protéger n'inquiète pas, afin que l'ordre ne soit pas la gêne; ou, en d'autres termes, parce que la dépendance raisonnable et facile ne seroit plus que l'inquiète servitude, si une limite n'étoit pas invariablement fixée où vinssent expirer les droits des administrateurs de tous les degrés, et où les droits du citoyen commençassent.

Enfin, vous avez une loi politique, parce qu'il faut qu'il y ait une alliance, un pacte, entre l'autorité du prince et la liberté des peuples ; parce que ce n'est qu'autant que cette alliance existe, qu'il n'y a rien de tyrannique dans le commandement, rien d'abject dans l'obéissance ; parce qu'aussi ce n'est que par elle que les peuples ont une morale assurée, des mœurs certaines, et des opinions qui résistent; enfin, parce que seule encore elle donne aux autres lois leur durée, aux autres lois que la puissance mal conseillée pourroit trop facilement altérer ou détruire, s'il ne se trouvoit nulle part une institution qui autorisât à opposer, ou à ses excès, ou à ses abus, le langage de la conscience et de la raison.

Vous voyez donc qu'il n'y a pas une seule des lois ou des directions dont se compose la loi constitutive d'un peuple, *si ces lois*

cependant sont ce qu'elles doivent être,
qui n'ait pour objet de faire de la société un
tout harmonique ; que chacune a dans son
domaine ou dans sa sphère d'activité, certaines passions et certains vices à empêcher;
certaines affections et certaines vertus à produire; et comme c'est par les passions et les
vices que la société se dissout, que c'est au
contraire par les affections et les vertus qu'elle
se maintient, il seroit donc vrai que lorsqu'on veut constituer un peuple, le problème
qui se présente à résoudre, est de savoir
de quelles affections et de quelles vertus les
circonstances de lieux, de temps, de gouvernement, le rendent susceptible; ou autrement, sur quelles touches il faut frapper pour
le faire arriver au plus haut degré d'harmonie
morale ou sociale, car c'est la même chose,
auquel il puisse parvenir.

Qu'il y a dans
la loi une partie
fixe et une partie
mobile.

28. Je voudrois maintenant qu'on remarquât
que chaque loi a deux parties très-distinctes;
l'une qui, fixe de sa nature, entre comme un
élément nécessaire dans ce que j'ai appelé la
loi constitutive d'un peuple ; l'autre qui, devant toujours demeurer mobile , peut être
modifiée et devient l'objet de ces actes de

législation auxquels j'ai donné en commençant le nom de *lois réglementaires*.

Ainsi, par exemple, dans la loi religieuse, le dogme, ou ce qu'il faut croire, est fixe; la discipline, ou ce qu'il faut extérieurement pratiquer, est mobile. Et pourquoi? parce que d'abord vous ne pouvez altérer le dogme sans ôter à la Religion de son éternité, sans donner à penser que sa base est dans le temps, elle, qui ne connoît pas le temps; parce qu'ensuite, si la discipline ne pouvoit pas changer, la Religion ne nous suivroit point, en quelque sorte, à travers les siècles et les variations qu'ils font subir aux usages, aux coutumes, aux gouvernements, pour nous conserver sous des règles différentes la même conscience, et nous donner toujours les mêmes vertus.

Ainsi, dans la loi civile, tout ce qui concerne le droit de propriété et la transmission des héritages, doit être fixe. Et pourquoi? parce que c'est au droit de propriété et au mode de transmission des héritages qu'on doit l'esprit de famille, la morale domestique, les éléments du caractère national, et cette multitude de petites vertus qui mettent tant de bienséance et de douceur dans le commerce de la vie. Tout ce qui, au contraire, n'a pour objet que de rendre impuissantes les tentatives que la mauvaise foi, la cupidité, l'avarice, peuvent imaginer pour enlever à la propriété ses droits, ou porter le trouble dans la transmission des héritages, doit être mobile. Et pourquoi? Parce que l'habitude de mal faire n'a pas une marche uniforme, et que plus elle met de diversité, d'adresse ou de ruse dans ses moyens de nuire, et plus il faut que la loi augmente de précautions pour lutter contre elle avec avantage.

Ainsi, dans la loi criminelle, c'est le système inverse qu'il convient d'adopter, c'est-à-dire, que ce qui fait le fond de la loi, doit être mobile, et que ce qui en est la forme doit demeurer fixe. Le fond de la loi, c'est la proportion que le législateur a établie entre les délits et les peines; la forme de la loi, c'est l'ensemble des formalités qu'il prescrit, afin que l'accusé jouisse dans toute sa plénitude de la faculté de se défendre. Or, on voit bien qu'à mesure que les mœurs se corrompent, il y a plus de vices à empêcher, plus d'actes à réprimer, plus de crimes à punir. Il pourroit donc y avoir des circonstances où l'on croiroit sage d'ajouter quelque chose au fond de la loi; mais ne concluez pas de là, par exemple, que les peines, dans ce cas, doivent être moins douces ; car, comme l'a très-bien observé Montesquieu, l'atrocité des peines introduit dans les mœurs une certaine dureté, une certaine audace, qui affranchit facilement de la crainte ; et d'ailleurs, quand la peine est sans mesure, on ne se trouve que trop souvent obligé de lui préférer l'impunité. Seulement alors, et sans qu'il soit besoin que le *maximum* des peines change, il y aura plus de choses que la justice humaine déclarera illicites ou honteuses, et qui deviendront l'objet de sa sévérité. Quant à la forme de la loi, ce qui fait qu'autant qu'il est possible elle doit être invariable, c'est que la faculté de se défendre selon toute la puissance et selon toute l'étendue de ses moyens est de droit naturel ; et que s'il étoit permis en altérant la forme, de gêner cette faculté sous quelques-uns de ces prétextes dont abonde toujours le pouvoir qui veut abuser, il n'y auroit plus de sécurité pour l'innocence, plus de garantie pour la liberté individuelle, et même pour la liberté publique.

Ainsi, dans la loi administrative, la partie fixe seroit celle qui par de salutaires institutions empêcheroit que l'administration n'agît en opposition avec les droits du citoyen ; et on appelleroit mobile cette partie de la loi qui selon les besoins de l'État, la nécessité des circonstances, et ce que demande le maintien, soit de l'ordre public, soit de la prospérité commune, abandonne à l'administration une plus ou moins grande quantité d'objets à surveiller ou à mettre à profit (1). Qu'on me permette de le dire, c'est surtout lorsque l'empire n'est pas d'une étendue médiocre, qu'il importe d'admettre dans l'organisation du pouvoir administratif, des institutions secondaires, et *jouissant de priviléges certains*, qui distribuent par des voies douces l'action de l'autorité, jusqu'aux extrémités du territoire ; qui moins séparées de l'intérêt des administrés

---

(1) L'impôt, les grandes constructions publiques, l'exécution des projets concernant l'agriculture, le commerce, soit intérieur, soit extérieur, etc. Mais tout cela ne doit pas être abandonné à la grande administration, sans que le régime n'en soit déterminé, les dépenses fixées, etc., etc., et qu'on n'ait pris conseil de ceux que ces objets intéressent. Lorsque Colbert s'occupoit d'élever notre commerce et nos manufactures au degré de prospérité où il les a fait parvenir et d'où on les a fait décheoir, ce n'étoit pas les financiers, les douaniers, par exemple, qu'il consultoit, mais les négociants les plus distingués, et qui, par leur expérience et leur habileté, pouvoient lui fournir des vues utiles et concourir au succès de ses desseins.

leur rendent les charges de l'administration plus faciles; qui accueillent les plaintes de plus près ; qui soulagent plus promptement les misères , et qui par la manière dont elles procèdent, fassent que ce qu'on exige ressemble à ce qu'on donne (1).

Ainsi enfin et en dernier lieu , la loi politique , si elle s'accorde dans ses dispositions avec ces principes de justice éternelle, qu'il n'appartient pas aux hommes de méconnoître, et sans lesquels leurs volontés décrétées , ne sont que des insultes faites à la sagesse suprême,

---

(1) Nous avions autrefois des Etats provinciaux, des assemblées provinciales , des cours souveraines , des tribunaux , des corporations , etc. , auxquels on pouvoit s'adresser lorsqu'on éprouvoit quelques vexations de la part des préposés à l'administration publique. Aujourd'hui, nous voyons des agents de l'autorité partout , et nous n'apercevons nulle part de lieux de refuge contre les abus du pouvoir. Les habiles de notre révolution ont cru , par-là , donner plus de force à l'autorité. Je ne sais , mais il me semble qu'on ne lui a donné que plus de rudesse ; qu'elle n'est jamais plus puissante que lorsqu'elle se montre moins redoutable, que lorsqu'elle conduit, qu'elle protège, et qu'autant qu'il est possible, en conduisant, en protégeant, elle se dérobe aux regards. Elle ressemble alors à notre bon ange , qui nous garde et nous guide sans que nous nous en apercevions.

doit nécessairement être fixe , *selon tout ce qu'elle est*. Car elle constitue le gouvernement, et quand les gouvernements sont vrais , *quand ils ne font que seconder la nature dans le développement des facultés éminentes qui nous ont été départies*, on sent mieux que je ne peux le dire, combien il est convenable qu'on ne soupçonne pas même la possibilité de leur chute, et qu'on ne fasse rien qui tende à détruire l'heureuse opinion qu'on a de leur durée. Cependant ici , on pourroit regarder comme la partie mobile de la loi politique, certaines lois de circonstances auxquelles on trouveroit prudent quelquefois d'avoir recours pour corriger l'altération que le temps, que les événements, que les hommes y auroient apportée.

Qu'il est essentiel de toucher le moins qu'on peut à la partie fixe des lois , et que ce n'est pas sans de certaines précautions qu'il faut procéder aux changements que les circonstances rendent nécessaires dans leur partie mobile. Ces précautions indiquées.

29. On sait donc quel est le but de la loi, quelle en est la partie fixe, quelle en est aussi la partie mobile. Je n'ai pas besoin d'ailleurs d'avertir qu'il ne faut jamais faire de changement dans la partie mobile de la loi, qu'afin de mieux garantir ce qui en constitue la partie fixe.

Cela posé, vous n'avez pas oublié, sans doute, qu'il y a un rapport essentiel entre les lois et les mœurs; qu'abandonner les lois à l'instabilité des volontés humaines, *que n'en*

faire que des œuvres de circonstance, que
n'en chercher les éléments que dans quelques-
unes de ces misérables combinaisons politiques que le temps détruit comme il les compose, c'est leur ôter leur majesté, c'est les
dépouiller du caractère sacré qu'elles empruntent de cette loi éternelle qui est ancienne
comme Dieu, qui est immuable comme lui,
et dont elles ne doivent être que les conséquences. Ainsi, les lois ne seroient plus des
directions morales. Ainsi, vous n'en feriez
autre chose que des ressources, que des
moyens pour la puissance. Ainsi, vous ne les
associeriez pas à la conscience des peuples ;
et les habitudes des peuples, leurs opinions,
leurs préjugés, leurs maximes devenant incertaines et variables comme elles, la société
ne vous offriroit qu'une réunion fortuite d'individus que la force assemble, que l'intérêt
divise, que les passions tourmentent, et que la
raison importune.

Je suppose donc que vos lois sont bien faites ; et alors, comme c'est de ce qui est fixe
dans les lois, que dépendent les mœurs, les
préjugés, les habitudes et même les vertus des
peuples, je trouve d'abord que s'il vous faut
innover dans cette partie, vous ne devez le
faire qu'avec une telle prudence, et des pré-

cautions tellement déterminées , qu'après
l'innovation , les peuples, comme je l'ai dit
en commençant , se trouvent avec les mêmes
mœurs , les mêmes préjugés, les mêmes inclinations , les mêmes vertus qu'auparavant.
Ceci vous donne la mesure de ce que vous
pouvez entreprendre ; car , si vous mettez ces
choses en danger , ce que vous vous proposez
ne vaut rien ; *vous faites des ruines*, et vous
oubliez trop que ce qu'on bâtit avec des matériaux endommagés , avec des ruines , n'est jamais si solide ni si durable que ce qu'on a
démoli.

Je vois , ensuite , que bien qu'en général la
partie mobile des lois n'ait qu'une influence
indirecte sur les destinées sociales , cependant, ce n'est pas aussi sans avoir mûrement
réfléchi qu'il faut s'en occuper. Qui croiroit ,
par exemple, que c'est à nos lois fiscales , à
la manière dont elles ont corrompu parmi nous
la richesse mobilière, *qui de soi est déjà si peu
morale* , que nous devons notre dépravation
profonde , et cette avarice ardente, ambitieuse,
impitoyable, que vingt-cinq ans de crimes et
de rapines honteuses n'ont pas assouvie, qui
fait toujours le fond de nos mœurs , et dont
nous ne songeons seulement pas à *extirper
les germes* et à détruire les espérances!

Voilà les réflexions qu'il faut toujours faire, quand il s'agit de réformer les lois.

Or, parce qu'en pareille circonstance, les précautions à prendre changent comme les gouvernements, le caractère des peuples, l'âge des sociétés, l'état et le mode de la civilisation, je sens que je me perdrois en des observations inutiles, si, après avoir posé les principes, j'entrois dans tous les détails des applications qu'on peut en faire.

Je dirai seulement (en mettant à part la loi religieuse qui n'est pas du ressort des volontés humaines, et dont la réforme, en ce qui concerne la discipline, n'appartient qu'aux ministres qu'elle a revêtus de son autorité) que dans les autres lois, il n'y a que ce qui s'y trouve de mobile, qui puisse devenir l'objet des travaux ordinaires des assemblées délibérantes. Et encore, ferai-je ici une distinction : Car, ou il s'agira de la partie mobile de la loi civile ou criminelle, ou ce sera de la partie mobile de la loi administrative qu'on voudra s'occuper.

Dans le second cas, les assemblées délibérantes que je ne compose, comme on l'a vu, que de propriétaires, n'ont besoin que de leurs propres lumières pour prononcer avec sagesse

5

sur les propositions soumises à leur examen (1).

Dans le premier cas, au contraire, c'est autre chose ; leurs propres lumières ne suffisent plus. Il faut encore y joindre une expérience qu'elles n'ont pas, et qui ne s'acquiert que dans l'exercice des fonctions judiciaires ; ce ne seroit donc qu'après avoir interrogé les principaux tribunaux du royaume qu'il conviendroit de délibérer sur les propositions relatives à quelques points de réforme dans la partie mobile, soit de la loi civile, soit de la loi criminelle.

Au reste, j'aime mieux dire ici toute ma pensée. L'ordre judiciaire sera toujours mal institué, toutes les fois qu'on voudra qu'il demeure étranger aux grandes considérations qui intéressent l'autorité du prince, les libertés nationales et les destinées de l'État. Vous n'aurez alors que des juges sur lesquels ceux qui disposent du pouvoir n'exerceront que trop d'influence. Or, si vous désirez enfin opposer au torrent des abus une digue redoutable, ce ne sont pas de simples juges qu'il vous faut, ce sont des magistrats, des hommes qui, par

_____

(1) Les propositions concernant l'impôt, le mode de sa perfection, les travaux publics, les encouragements à donner à l'agriculture, au commerce, etc., etc.

leurs députés, deviennent une partie inté-
grante des corps délibérants ; qui regardent
comme le plus beau de leurs titres, celui de
gardiens des lois ; qui, protégés, par une puissante opinion, soient toujours en mesure de
faire parler les lois avec la sainte austérité qui
leur convient, et que n'intimident en aucune
circonstance tous ces misérables despotes
qu'une fatalité ennemie ne place que trop souvent entre le trône et les peuples afin que le
trône soit odieux, que les peuples indignement foulés et plus indignement avilis sou-
pirent après des événements qui les délivrent,
et que les grandes commotions qui doivent
tout détruire deviennent de jour en jour plus
inévitables. (1)

---

(1) Je m'étois beaucoup occupé dans l'ouvrage que j'a-
vois rédigé pour Louis XVI, de l'institution du pouvoir
judiciaire, parce que je suis convaincu que c'est de la
manière dont ce pouvoir est institué que dépend principalement le sort de la liberté publique. Est-il trop foible?
il n'est plus qu'un instrument dans les mains de la puissance. A-t-il le degré de force et d'influence qui lui convient? alors, il est à-la-fois le meilleur appui de l'autorité
du prince et le gardien le plus vigilant de toutes les
lois qui garantissent la liberté. Au reste, comme j'ai
très-présentes la plupart des idées que j'avais rassem-
blées dans cet ouvrage, peut-être pourrai-je me décider à les écrire de nouveau et à les mettre au jour;

Est-ce en vertu d'un droit de souveraineté existant chez les peuples qu'ils sont appelés à consentir la loi? Non.

30. Ainsi, j'ai dit comment la loi doit être faite ou trouvée, et comment encore elle doit être réformée; mais attendu qu'en ces deux circonstances je reconnois dans le peuple le droit de l'examiner et de la consentir, peut-être voudra-t-on en conclure que la souveraineté est donc dans le peuple, et que l'acte qu'il fait, lorsqu'il examine la loi et qu'il la consent, est un acte qui prouve qu'en effet il est souverain.

Certes, ceci ne résulte pas des principes que j'ai développés jusqu'à présent. Ce n'est point par aucun droit, ressemblant au droit de souveraineté, que le peuple, c'est-à-dire ceux qu'il délègue, examinent et consentent; mais uniquement parce que le peuple a une conscience comme le législateur, et qu'il est naturel qu'il acquière par les hommes dans lesquels il se confie, la présomption que ce que le législateur lui prescrit est aussi ce que sa conscience lui commande.

Cependant, puisque cette misérable doctrine de la souveraineté du peuple, si souvent et si victorieusement combattue, tend sans cesse à se reproduire; puisque c'est à elle exclusivement que nous avons dû notre triste révolution et cet épouvantable mélange d'erreurs et de crimes qui en a signalé toutes les époques ; *puisque la faction qui l'a mise en œuvre redevient chez nous non moins puissante qu'auparavant ;* puisque, si une pareille doctrine prévaloit de nouveau, encore une fois tous les trônes seroient ébranlés, et les peuples, livrés à des agitations sans mesure, n'auroient plus que des destinées funestes ; il faut ici que je l'attaque de près, et que, la décomposant jusques dans ses premiers éléments, je ne laisse à ceux qui s'en sont déclarés les apôtres que la honte de l'avoir défendue.

La tâche ne sera ni longue ni difficile. Je réduis à un seul raisonnement tout leur système.

La nature, si on les croit, a fait les hommes indépendants, c'est-à-dire, sans autres liens que des rapports passagers qu'ils peuvent rompre ou conserver à leur gré. Cet ordre de choses a été leur condition première. Mais comme il les retenoit dans un état de guerre habituel, le besoin de la paix a fait que par un consentement mutuel, ils ont formé des associations : de là les peuples. Cependant il ne suffisoit pas que les associations fussent formées ; il falloit encore un pouvoir qui les, empêchât de se dissoudre. Voici, continuent-ils, comme on s'y est pris pour composer ce pouvoir. Les collections d'individus qui étoient devenues des peuples, se sont assemblées. Alors, et à l'unanimité, et sans qu'on puisse trop expliquer comment, il a été convenu que chacun des membres de l'association céderoit de son indépendance ce qui nuisoit aux autres. Cela fait, on a travaillé à mettre ensemble toutes ces portions d'indépendance, et c'est avec ce qu'elles ont fourni d'énergique qu'on a constitué le pouvoir, lequel n'est autre chose que la souveraineté mise en action. Or, ajoutent-ils, puisque c'est le peuple qui a constitué le pouvoir ou la souveraineté opérante, il est clair que la source de la souveraineté est en lui, ou, plus exactement, qu'il est essentiellement souverain.

Je rougis, en vérité, d'avoir à combattre des absurdités si étranges.

Et d'abord, comment ne voit-on pas, qu'afin que les hommes naissent indépendants, il faudroit qu'il n'y eût pour eux ni période de croissance, ni période de décroissance; qu'ils ne connûssent ni l'enfance, ni la vieillesse; qu'ils arrivassent sur la terre, chacun, avec toutes ses forces, avec toutes ses facultés, et que, jusqu'au terme de sa carrière, aucun ne se trouvât dans le cas de recourir à la pitié d'autrui, et d'implorer l'appui d'une protection étrangère.

Ensuite, ou la souveraineté n'est rien, ou elle n'est autre chose que le droit de se faire obéir. Or, on ne me contestera pas que puisque tous les hommes naissent indépendants, nul n'a le droit de prescrire l'obéissance aux autres. Mais si, en effet, nul ne jouit de ce droit, à coup sûr, la souveraineté considérée en elle-même, ou d'une manière abstraite, ne peut pas trouver son origine dans l'indépendance ; à coup sûr encore, le pouvoir, qui n'est que la souveraineté en action, ne résultera pas davantage d'une portion de cette même indépendance ; car on ne donne que ce qu'on a. Or, si l'indépendance toute entière ne produit pas même en *germe* la souveraineté abstraite ou considérée en elle-même, comment voulez - vous que la souveraineté agissante se trouve en *développement* dans une de ses parties ?

Et puis, je considère les conséquences de votre opinion. Je veux bien, pour un moment, que vous possédiez par droit de nature, le privilége de l'indépendance. Vous m'a-

vouerez sans doute aussi que c'est pareillement par droit de nature que vous possédez
le privilége de la raison. Or, la raison, si je
ne me trompe, vous a été donnée pour vous
conduire. Donc, si par hasard vous venez à
découvrir que le morceau d'indépendance que
vous avez livré à la communauté, afin qu'elle
en fabriquât le pouvoir, est un peu trop considérable, il est évident que la raison vous
dira de le reprendre ; et comme les priviléges
que nous tenons de la nature sont inaliénables,
que s'abstenir d'en user ce n'est point y
renoncer, il n'est pas moins évident encore,
que ce que la raison vous dira de faire en
pareille conjoncture, la raison à laquelle seule,
je le répète, il appartient de régir votre indépendance, deviendra légitime. Ainsi, vous
jouirez, dans votre systême, de l'heureuse faculté de pouvoir toutes les années, tous les
mois, toutes les semaines, nous composer
des souverainetés nouvelles. Cela est fort
bien : mais avec une pareille théorie, comment parviendrez-vous à nous donner des
mœurs, une morale, des habitudes fixes, et
surtout le repos ?

Je n'ai pas fini, et j'ai à vous demander
encore si vos enfants, ceux qui viendront

après vous, n'auront pas le droit d'enfreindre
la convention par laquelle vous vous serez
liés. Car enfin, la nature leur départira aussi
le don de l'indépendance ; et alors, nul doute
qu'il ne leur soit loisible d'examiner si vos
stipulations leur sont avantageuses ou nuisibles ; si vous n'avez pas élevé trop haut ou
fait descendre trop bas la puissance ; si ce
qui leur reste du privilége qui leur appartient,
après le partage qui s'en est fait entre le pouvoir et vous, ne blesse pas un peu trop cette
raison que vous n'avez peut-être pas assez
consultée, et qui ayant été votre régle, ne
se reproduit certainement pas dans leur intelligence pour y demeurer inutile. A chaque
génération on se trouveroit donc exposé à
voir reconstruire l'édifice social. Je confesse
qu'alors on auroit le plaisir de n'habiter que
des maisons neuves : mais comme on ne les
bâtit pas sans remuer, sans agiter beaucoup
le terrain sur lequel on les élève, il me semble
que les maisons vieilles ont bien aussi leurs
avantages.

Enfin, dernière observation : un droit n'est
point une abstraction ; c'est une chose positive.
Un droit suppose donc dans celui auquel on
l'attribue la possibilité de l'exercer. Or, si le

peuple est souverain, il a nécessairement la possibilité d'exercer la souveraineté par lui-même. Ainsi, selon cette hypothèse, chacun des individus dont il se compose est essentiellement participant de la souveraineté active ; c'est-à-dire, qu'il jouit du droit *inaliénable* de se faire obéir. Mais le droit de se faire obéir n'existe pas sans le devoir de l'obéissance. Car il n'y a point de droit sans devoir. Vous ne pouvez donc l'exercer qu'autant que vous trouvez des sujets qui doivent essentiellement l'obéissance. Or, où trouverez-vous ces sujets *devant essentiellement obéir*, là où je ne vois que des membres du souverain, *lequel ne peut jamais faire autre chose, lui, que commander?* Chez votre peuple souverain par tous les individus qui en font partie, il n'y aura donc pas d'obéissance ; et si c'est sur la possibilité de l'obéissance que repose la souveraineté, il est donc clair aussi qu'il n'y aura pas de souveraineté (1).

---

(1) Je n'aurois pas fait cette dernière observation, si je ne m'étois ressouvenu de cette multitude de souverains qui parurent tout-à-coup au milieu de nous à l'époque de la convention. Chaque section de Paris, quand elle avoit quelque sottise ou quelque crime à faire décréter, ne manquoit pas d'envoyer à la barre de notre assemblée nationale un certain nombre de souverains qui

Ainsi , le peuple n'est pas souverain. Mais alors qu'est-ce donc que la souveraineté ?

_____

signifioient au nom du peuple-souverain , à nos souverains députés assis pour les entendre , leurs volontés souveraines. Pendant ce temps-là , d'autres souverains parloient aussi en souverains dans nos provinces que nous avons si ingénieusement converties en départemens , tant il est sage que nous demeurions séparés de tous les souvenirs de notre histoire. Ces souverains se disputoient , se battoient , s'accordoient selon les besoins de leur souveraineté. Mais enfin, la nation étoit *grande* , puisqu'il n'y avoit point de trône , et que la souveraineté se trouvoit dispersée jusques dans les boutiques. La servitude nous étoit alors tellement odieuse, que nous ne crûmes pas pouvoir nous dispenser de proscrire le nom de *domestique ;* nous avions, pour vaquer aux soins de la maison, *des citoyens officieux,* *des citoyennes officieuses ;* et quand nous étions à table nous jouissions du précieux avantage d'être des majestés auxquelles d'autres majestés donnoient à boire.

Pour que l'on comprenne mieux tout le danger de la doctrine que je combats, puisque j'y suis , il est bon qu'on sache qu'aucun serment ne lie le peuple souverain, et que si l'on s'est persuadé qu'avec un serment on pouvoit assurer la succession au trône à la branche de la famille royale que l'ordre de primogéniture y appelle , on s'est étrangement abusé. Je n'ai pas besoin de revenir ici sur ce qui s'est passé durant le cours de la révolution ; mais qu'on se ressou-

C'est à des principes d'un ordre plus élevé
que ceux de la politique ordinaire qu'il faut

---

vienne au moins de cette assemblée coupable, qui,
lorsque l'usurpateur a paru, s'est hâtée de proclamer
la souveraineté du peuple, afin de se dispenser de la
fidélité qu'en qualité de François, chacun de ses membres avoit jurée au prince.

Au reste, j'aime qu'on fasse un usage très-sobre des
serments. Nous ne devrions en connoitre qu'un seul,
celui de fidélité au Roi et aux héritiers successivement
présomptifs de la couronne. On pourroit y ajouter le
serment, non pas de fidélité, mais de soumission aux
lois ; ce qui ne prive pas de la faculté d'examiner si
elles sont bonnes ou mauvaises, faculté qui est de
droit naturel, mais ce qui veut dire seulement que
tant qu'elles dureront, on s'y soumettra dans tout ce
qui ne blesse pas la conscience.

Ne croyons pas qu'avec des serments nous procu-
rerons à nos conceptions politiques plus de durée. Il
n'appartient qu'à celui qui a dit : *Le ciel et la terre
passeront, mais mes paroles ne passeront point*, de
mettre l'éternité dans ses œuvres. Jamais on n'a tant
exigé de serments que pendant les vingt-cinq années
de désordre, d'anarchie, de despotisme, qui viennent
de s'écouler. Et qu'est-ce que ces serments toujours si
contradictoires entre eux ont produit ? pas autre chose
qu'une démoralisation sans mesure, l'habitude de se
jouer de la vérité, une disposition à tout faire pour
obtenir plus promptement ou les honneurs ou la fortune. *Les serments usent la conscience*, disait un de

avoir recours pour résoudre une question de cette importance.

Ecoutez-moi.

31. J'ai jeté les yeux sur la terre, et parmi les scènes qu'elle offre à l'observation attentive, si quelque chose m'a frappé, c'est surtout cette succession perpétuelle de vie et de mort, de développement et de dissolution qui en renouvelle comme à chaque instant toutes les destinées. L'être que nous avons vu hier debout et plein d'action, aujourd'hui sans mouvement est couché dans la poussière.

Cependant, cette mort elle-même n'est qu'une apparence. Le cadavre qu'elle dévore se change bientôt en myriades d'êtres organisés, qui ne se produisent et ne croissent que pour présenter, à leur tour, tous les phénomènes de l'existence.

La vie seroit donc comme une grande puis-

Origine de' la souveraineté : que son principe est en Dieu.

mes frères que j'ai eu le malheur de perdre l'an passé, à des gens qui le sollicitoient de céder au temps, et d'avoir une probité moins inflexible. Ne seroit-ce pas au détestable abus que nous en avons fait que nous devrions de ne rencontrer presque partout aujourd'hui que des *consciences usées ?*

sance universelle qui se promène dans toutes
les régions, pénètre dans tous les règnes de la
nature, vivifie tous les germes, et ordonne à
chacun de manifester les propriétés du principe dont il est dépositaire.

Or, de là, j'ai conclu qu'il y a donc une
vie absolue, impérissable, à laquelle tous les
êtres, à quelque système qu'ils appartiennent,
rendent témoignage chacun dans leur ordre
particulier; et en même temps, je n'ai pu
douter que leur destruction successive n'at-
teste que la vie qu'ils manifestent ne leur appartient point en propre, mais qu'elle n'est
pour eux qu'une vie communiquée (1).

_____

(1) On sent bien que je ne parle ici que de la vie
qui est dans le temps, et que si je compare à cette
vie les souverainetés de la terre, c'est que les souverainetés de la terre sont aussi dans le temps. Les êtres
intelligents ou moraux ont une autre espèce de vie qui
ne leur est pas communiquée simplement, mais donnée.
Ils ont un verbe ou une parole en eux, qui, par sa
nature, correspond avec le verbe ou la parole de
l'éternité. C'est à cause de cela, qu'ils sont *moraux*
et qu'ils ne peuvent pas finir. La théorie du verbe dans
la créature intelligente est très-profonde. Ce n'est pas
dans un écrit aussi abrégé que celui-ci que je peux m'en
occuper.

32. J'ai ensuite porté mes regards sur la face politique du monde. En parcourant les fastes des empires, j'ai vu la puissance et la domination passer sans cesse d'un peuple à un peuple, la souveraineté mourir dans une main et renaître dans une autre.

Qu'il y a deux souverainetés, l'une impérissable, divine l'autre périssable et communiquée Celle-ci réside dans les princes ou les chefs des peuples.

Les nations ont disparu devant moi comme un homme. De nouveaux empires ont couvert tout-à-coup la terre comme par enchantement, et je me suis dit : Il y a donc une souveraineté absolue et impérissable ! il y a donc une souveraineté indépendante et invincible à laquelle rendent témoignage toutes les dominations de la terre ! mais leur mobilité perpétuelle, leur dissolution successive, n'annoncent que trop que la souveraineté qui est en elle n'est pas plus aussi leur propriété que la vie n'est la propriété des êtres organisés ; et que pareillement elles ne la possèdent que par communication.

Alors, je me suis demandé : Qu'est-ce que la souveraineté ou la puissance absolue ? Qu'est-ce encore que cette souveraineté ou cette puissance communiquée qui se manifeste sans cesse au milieu de nous sous des formes si mobiles, si variées, et trop souvent si passagères ?

En m'occupant de cette double question ,

J'ai vu, d'abord ; que la souveraineté absolue n'est autre chose que la souveraine puissance essentiellement et intimement unie à la souveraine justice et à la souveraine vérité, ou , en d'autres termes, qu'elle est Dieu lui-même, considéré comme agissant par cette loi première et universelle dont j'ai parlé en commençant ; loi qui n'est pas distinguée de ce qu'il est ; loi, je le répète, d'où proviennent toutes les lois particulières des êtres, qui tend sans cesse à les maintenir dans sa rectitude, à s'opposer à leur déviation ; qui est aimable et douce pour tout ce qui se maintient sous son empire , mais qui devient violente et terrible pour tout ce qui la contredit ; car sa force est incoercible.

J'ai trouvé ensuite , que la souveraineté communiquée n'est, à le bien dire, qu'un organe à travers lequel la souveraineté absolue se produit et se rend sensible ; que c'est en cela seulement que consiste sa force et sa dignité ; que sitôt qu'elle *veut* hors de sa destination, elle n'est plus souveraineté, mais simplement *pouvoir;* qu'alors, séparée du principe éternel dont elle émane , elle tombe nécessairement *dans le temps* , et devient sujette à

toutes ses vicissitudes : en un mot, que de
même que la loi de vie suprême réclame
toutes les fois que les êtres qui jouissent de
la vie particulière qu'elle leur communique se
laissent mouvoir par une loi contraire a ce
qu'elle est, et que s'ils s'obstinent à lutter,
elle finit, en se retirant d'eux, par les abandonner à l'action corrosive des éléments qui
ne s'en emparent que pour les dissoudre ; de
même aussi et pareillement, lorsque la souveraineté communiquée s'exerce en contradiction trop constante avec la souveraineté absolue, celle-ci fait violence, et, un peu plus
tôt ou un peu plus tard, brise comme un
organe inutile, un mode de puissance où elle
ne se trouve plus.

Et j'ai compris pourquoi les nations par-
venues au dernier terme de leur décomposition
morale, disparoissent de la scène du monde ;
pourquoi les rois sont précipités de leurs
trônes ; pourquoi les trônes eux-mêmes sont
abattus ; pourquoi les empires chancellent,
s'écroulent, tombent ; et les lieux où se for-
ment les tempêtes qui agitent les peuples,
d'où s'élèvent les orages qui répandent la
désolation sur les contrées les plus florissantes;
où se prépare au sein des vices qui corrom-

6

pent, et des passions qui tourmentent, cette étrange diversité de fléaux qui, en tant de circonstances, ont changé en des jours de deuil des jours auparavant prospères, ces lieux m'ont été découverts, et j'ai vu Dieu dans tout cela.

Et je me suis tû devant Dieu (1).

Ce que doivent faire les princes pour que la souveraineté ne s'altère, ni ne périsse dans leurs mains.

33. Cependant, il est certain, et c'est une conséquence de ce qu'on voit ici, que si les

---

(1) « Celui, dit le grand *Bossuet*, qui règne dans
» les cieux, et de qui relèvent tous les empires, à
» qui seul appartient la gloire, la majesté et l'indé-
» pendance, est aussi le seul qui se glorifie de faire
» la loi aux rois, et de leur donner, quand il lui
» plait, de grandes et de terribles leçons. Soit qu'il
» élève les trônes, soit qu'il les abaisse, soit qu'il
» communique sa puissance aux princes, soit qu'il la
» retire à lui-même et ne leur laisse que leur propre
» foiblesse, il leur apprend leurs devoirs d'une manière
» souveraine et digne de lui. Car, en leur donnant sa
» puissance, il leur commande d'en user comme il le
» fait lui-même, pour le bien du monde ; et il leur fait
» voir, en la retirant, que toute leur majesté est
» empruntée, et que pour être assis sur le trône, ils
» n'en sont pas moins sous sa main et sous son autorité
» suprême »... *Et nunc reges intelligite, erudimini qui judicatis terram.* (*Oraison funèbre de la Reine d'Angleterre.*)

souverainetés communiquées ne méconnois-
soient jamais cette sagesse d'en-haut dont leur
plus glorieuse prérogative est d'être les organes, on assigneroit difficilement un terme à
la durée de leur domination. Elles auroient
une puissance réelle, parce qu'elles n'exer-
ceroient le pouvoir que selon *la vérité.* Elles
se montreroient bienfaisantes, de cette bienfaisance qui est celle de la divinité même,
parce que *la justice* se trouveroit dans leurs
œuvres ; et comme leurs lois ne seroient que
la morale éternelle réduite en actes, on y
obéiroit d'autant mieux qu'elles ressemble-
roient moins à la force qui contraint, qu'à la
conscience qui ne commande que parce qu'elle
persuade.

Mais c'est à des hommes que les souverainetés de la terre sont confiées, et malheureusement l'infaillibilité n'est pas le partage des
hommes.

Il y a des princes qu'enivre l'orgueil du
rang suprême ; qui croyent que régner c'est
soumettre, c'est asservir ; ou qui, obéissant
plus à leurs penchants qu'à leur raison, n'ont
jamais réfléchi sur la sévérité des obligations
que leur impose la qualité de chefs des peuples.
Ceux-là usent l'autorité, parce qu'ils ne veulent qu'en jouir.

Il y a des princes, au contraire, qui, profondément convaincus que les peuples ne sont pas nés pour eux, mais qu'ils sont nés pour les peuples, n'envisagent point sans une inquiète défiance d'eux-mêmes, l'importance et l'étendue de la tâche que la providence leur prescrit. Ils sentent que toutes les destinées des hommes soumis à leur empire leur sont confiées ; *que ces destinées sont morales* ; que s'ils gouvernent, ou que s'ils laissent gouverner à leur place par l'injustice, non seulement ils tourmentent, mais qu'ils corrompent : et de plus, que si par une administration simple et douce, ils n'ouvrent pas à chacun une carrière tranquille, où il n'ait à redouter ni les vexations des pouvoirs subalternes, ni leur extension abusive, le silence qui naît de la crainte pourra bien être partout ; mais qu'au fond la paix et le bonheur individuel que procure la paix, ne seront nulle part. Et prenez-y garde, la souffrance qui n'ose se plaindre, et ce malheur de tous les jours qu'engendre la souffrance, corrompent encore plus peut-être que l'injustice.

En même temps que ces considérations se présentent à leur pensée, ils ne se dissimulent pas combien ils ont de difficultés à surmonter,

d'obstacles à vaincre pour éviter les piéges
que leur tendent si souvent le mensonge hy-
pocrite, l'erreur intéressée, et toutes ces passions qui ne s'agitent autour d'eux sous tant
de formes différentes, qu'afin de mettre à
profit les fautes qui peuvent leur échapper et
qu'elles-mêmes travaillent en tant de manières
à leur faire commettre.

Ce sont des princes de ce caractère qui rendent l'autorité durable parce qu'ils la font aimer. N'imaginez pas que la vérité puisse jamais
leur être importune. Ils savent trop bien qu'à
travers les révolutions qui bouleversent la
terre, elle seule demeure ; que ce n'est que
sur cette base qu'il convient d'élever l'édifice
imposant de la société humaine ; que la vérité
par elle-même est calme ; et que si *elle appelle
le temps* pour détruire tout ce qui lui résiste,
ce n'est pas dans son sein cependant que vont
se former les orages destructeurs du repos des
États, ou que s'opèrent toutes ces fermenta-
tions sourdes qui, selon la diversité des époques, en préparent, soit la dissolution obscure,
soit la chute éclatante.

Mais encore une fois, ces princes eux-mêmes sont faillibles. Ils n'ignorent point que,
quelque pures que soient leurs intentions, ils

peuvent se tromper, et que plus souvent encore ils peuvent être trompés ; car à côté d'eux veille l'erreur attentive à surprendre tous les postes qu'elle trouve accessibles. Que feront-ils donc pour se garantir de l'erreur ?

Remarquez ceci :

Principes de vérité éternelle d'où dérive la liberté de manifester sa pensée ou la liberté de la presse : indépendance de la conscience et de la pensée.

34. Il y a dans l'homme deux choses qu'aucun pouvoir créé, de quelque nature qu'il soit, ne peut ni modifier, ni soumettre. Ces deux choses sont la conscience et la pensée. Comment arrêter le mouvement de la pensée ? Qui dispose de facultés assez grandes pour empêcher la pensée de se développer, de s'étendre, de s'élever, de se resserrer, de s'abaisser à son gré ? Qui peut en réprimer l'essor, la circonscrire dans un lieu, lui assigner une limite, ou dans le temps, ou dans l'espace ? A qui, surtout, a-t-il été donné de l'assujétir à une volonté étrangère, de lui prescrire avec efficacité une autre route que celle qu'elle veut suivre ?... Sans doute, à l'aide de nos institutions trop souvent oppressives, il devient facile d'altérer, de corrompre jusqu'à un certain point, et même aussi de priver de tout moyen de manifestation la parole extérieure qui sert

d'organe à la pensée ; mais la pensée n'a-t-elle
pour organe que cette parole extérieure ?
N'existe-t-il pas au-dedans de nous une autre
parole qui la prononce avec bien plus d'énergie ; une parole secrète, qui, l'exprimant
pour ainsi dire, de plus près, lui donne aussi
plus infailliblement toute sa vérité ? Et s'il
arrive que la crainte, la honte, l'orgueil, l'esprit de servitude ou un vil intérêt nous portent
à mettre en œuvre le mensonge, une parole
qui proteste avec autorité contre le faux em-
ploi que nous faisons de la parole extérieure
qui repose sur nos lèvres ? Or, cette parole,
comment la contraindrez-vous à se taire ? de
quelque lieu qu'elle s'élance, soit dans le
passé, soit dans le présent, soit dans l'avenir ;
au fond de la prison la plus obscure comme
au sein de l'atmosphère la plus libre ; sous
l'action du pouvoir le plus tyrannique comme
sous l'influence des plus douces lois, ne con-
serve-t-elle pas toujours, et dans toute la possibilité de son expansion, son essentielle énergie ? son domaine n'est-il pas toujours l'infini ?
son privilége, l'indépendance ?

Et ce ressort de la pensée, qu'aucune opposition, aucune gène, aucune pression, ne peut
anéantir, ne le trouvez-vous pas également

dans la conscience ? Celle-ci n'échappe-t-elle
pas comme la pensée, à tout ce que vous
pouvez employer d'adresse ou de force pour
la modifier ou la contraindre ? Si vous l'empê-
chez de se reproduire au-dehors, ferez-vous
qu'au-dedans elle demeure sans action ; et con-
noissez-vous quelque moyen de violer le secret
dont au besoin elle s'environne ? Surtout, n'a-
t-elle pas cela de particulier que tout acte de
notre part, qui tend à mettre dans la dépendance de notre volonté la conscience des autres, est immédiatement suivi dans notre propre
conscience d'un remords importun qui, s'éle-
vant à travers nos passions orgueilleuses, nous
avertit, avec sévérité, que nous dépassons tous
nos droits ? Et parce qu'il nous est impossible
de demeurer victorieux dans aucun des combats que notre conscience nous livre, une
telle lutte ne seroit-elle pas pour nous comme
un éclatant témoignage qu'il y a donc aussi
dans la conscience quelque chose que nous ne
pouvons ni altérer ni détruire ?

Ainsi, la conscience et la pensée sont essentiellement indépendantes.

Pourquoi l'in-
dépendance de la
conscience et de
la pensée ?

35. Or, pourquoi cette indépendance ? Parce

que, si, dans les êtres moraux, il en étoit autrement, toute la moralité de ces êtres disparoîtroit sans retour. Qu'il existe une force capable de mouvoir ou ma pensée ou ma conscience à son gré, et je ne vois pas à quoi me sert de discerner entre la vertu et le vice, entre l'innocence et le crime ; et le bien et le mal moral ne sont plus pour moi que de vains noms qui, ne disant rien à mon intelligence, n'occupent à mes yeux, dans le langage des hommes, qu'une place inutile.

Pourquoi encore cette indépendance ? Parce que l'homme naît éminemment sociable ; attendu que ce n'est que dans l'état de société que ses facultés parviennent à leur plus haut degré de développement, et que la condition naturelle d'un être est celle où ses facultés se développent avec le plus d'avantage. Mais l'homme n'est sociable que par la conscience et par la pensée. Otez l'une et l'autre, et il ne lui reste, comme à l'animal, que des sensations avec lesquelles, à coup sûr, vous ne réussirez jamais à lui composer aucune de ces affections morales, aucune de ces vertus relatives, sans lesquelles il est impossible que la société subsiste ; ou, puisqu'heureusement pour nous, dans le besoin que vous avez d'asservir, vous ne pouvez arriver jusques-là, essayez seulement d'interposer, comme vous ne le voudriez que trop peut-être, le silence de la crainte entre les consciences et les consciences, entre les pensées et les pensées, et je vous défie de ne pas voir que plus ce silence augmentera, si je peux me servir de ce mot en parlant du silence, et plus vous reporterez les hommes sur eux-mêmes ; et plus les inclinations, les habitudes, de communes qu'elles étoient, deviendront personnelles ; et plus vous donnerez de force à ce triste égoïsme toujours si voisin de notre cœur, et à toutes ces passions avares qui, sous quelque beaux noms qu'elles se dissimulent, ne s'emparent du système social que pour le décomposer et le détruire. Vous ne pouvez donc rien entreprendre afin d'empêcher la pensée de se produire, la conscience de se manifester, qui ne soit un véritable attentat, non seulement contre la dignité originelle de l'homme, mais contre la divinité elle-même qui, lorsqu'elle nous a doués des nobles facultés qui nous distinguent, n'a pas entendu sans doute qu'elles demeurassent inutiles.

Enfin, pourquoi cette indépendance ? Parce que la vérité est essentiellement une ; qu'elle

éclaire toutes les intelligences de la même manière ; que nous n'avons une pensée que pour
la connoître ; que nous n'avons une conscience
ou une sensibilité morale que pour l'aimer.
Or, cette vérité qui est une, qui est la lumière
commune et naturelle des intelligences : cette
vérité, vous le savez maintenant, à laquelle
appartient exclusivement et sans partage, l'absolue, l'impérissable souveraineté ; cette vérité, qui ne se manifeste qu'afin d'avertir, de
diriger ; qui montre le bien, afin qu'il s'opère ;
qui découvre le mal, afin qu'on s'en détourne :
cette vérité ne seroit-elle notre partage que
pour qu'elle reste stérile en nous, que pour
qu'elle se taise devant tous ces pouvoirs hu-
mains, qui n'empruntent que d'elle-même leur
existence et leur durée ? Si je vis dans une
de ces époques déplorables, où il n'y a de
succès que pour le crime, de jouissance que
pour le vice, de proscription que pour la
vertu ; si j'habite une contrée, où l'adresse
n'est que la mauvaise foi, l'habileté que la
perfidie, la justice que ce qui convient, les
mœurs que ce qu'une dépravation générale
autorise ; si, tandis que tous s'abandonnent à
une sécurité fatale, j'entends de toute part
gronder la foudre ; si les signes avant-coureurs

de la chute des empires m'annoncent que les
jours du deuil, de la désolation, de la ruine,
ne tarderont pas : eh bien ! m'est-il permis de
garder le silence ? Ne dois-je pas à mes semblables l'expression des sentiments doulou-
reux que j'éprouve ? les pensées qui me sont
données, afin que tant de malheurs soient
prévenus, n'appartiennent-elles qu'à moi ?
puis-je, sans devenir coupable, les retenir
captives ? le péril même auquel je me trou-
verois exposé en les communiquant, suffit-il
pour m'affranchir des devoirs qu'elles m'imposent ? *Est-ce que tout n'est pas divin dans
le devoir ; et y a-t-il quelque péril qui doive
en dispenser ?*

36. Ainsi vous concevez comment, de la
nature même de la conscience et de la pensée,
résulte pour l'homme en société le droit
d'exprimer ce qu'il sent, et de manifester ce
qu'il pense. Ainsi, vous voyez que vous ne
pouvez vous opposer à l'exercice de ce droit,
sans détruire, autant qu'il est en vous, les
habitudes qui doivent rapprocher, les liens
qui doivent unir, les affections qui font qu'on
tient aux habitudes et qu'on chérit les liens.
Et s'il convient que la vérité gouverne, qu'elle

Combien il
importe aux prin-
ces que cette in-
dépendance soit
maintenue.

éclaire sur ce qu'il est utile de faire, sur ce qu'il est prudent d'éviter ; et s'il est bon qu'elle oppose une digue au torrent des passions qui égarent, des vices qui corrompent, des doctrines désastreuses qui ne se produisent jamais avec tant de scandale que lorsque les passions ont égaré, que les vices ont corrompu ; ainsi vous trouveriez encore que ce n'est qu'autant que les consciences parlent, que les pensées demeurent libres, que vous pouvez obtenir tous ces avantages.

Alors, il seroit donc démontré qu'il est du plus grand intérêt pour les princes, et en général pour tous les chefs des peuples, sous quelque dénomination qu'ils les régissent, que la pensée ne soit pas retenue par d'indignes obstacles ; que la conscience, réduite à se replier sur elle-même, ne devienne pas inutile sous l'action d'un pouvoir qui l'empêche de se révéler ; la conscience, je veux le dire ici, qui seule rend la pensée morale, parce que tout ce qui est injuste l'irrite, comme tout ce qui est juste l'appaise ; qui seule aussi est le véritable ennemi du mal, parce que c'est bien en vain que le mal s'aide du mensonge en sa présence, et qu'au moment où elle a dégagé le mal de son hypocrisie, il n'est plus, ou que du moins il cesse d'être redoutable.

Véritable défi-
nition de la li-
berté de la presse.
37. Or, de là, et d'après ces considérations importantes, chez toutes les nations qu'un régime despotique n'a pas asservies, la liberté, sous différentes formes, de penser, d'écrire et de publier ce qu'on a pensé, ou en d'autres termes, la liberté de la presse, laquelle considérée dans ses rapports avec le gouvernement, n'est autre chose, à la bien définir, que *l'appel qu'il est permis de faire de la souveraineté communiquée ou déléguée qui peut se tromper, à la souveraineté réelle qui n'est pas sujette à l'erreur.*

Mais la liberté n'est pas la licence.

Différence en-
tre la liberté et la
licence.
38. La licence appelle les passions pour prévaloir, la liberté les écarte pour paroître. La licence se plaît dans le trouble, la liberté dans le calme. L'une s'accroît par le désordre qu'elle produit, l'autre par l'ordre qu'elle opère autour d'elle. Le principe de la seconde est moral, et ce n'est qu'en s'appuyant sur les vérités morales qu'elle avance. Le principe de la première est simplement politique, et ce n'est qu'en s'appuyant sur cette politique toute

humaine, que l'amour-propre mélange de tant
d'erreurs, qu'elle fait des progrès. Par la première, les peuples sont agités ; par la seconde,
une prospérité tranquille est leur partage ; car,
pour les peuples, la liberté n'est autre chose
que *la justice dans le repos* , et *c'est la justice
dans le repos* qu'invoque la liberté. En un mot,
avec l'une, vos facultés parviennent au plus
haut degré de développement qu'elles puissent
obtenir sur la terre, et vous ne devriez à l'autre
que des intérêts qui se heurtent, des passions
qui se combattent ; et vos facultés maintenues
dans un état constant d'inquiétude et d'efforts,
finiroient par ressembler à ces végétaux sans
vigueur que l'intempérie des saisons a trop
tourmentés, et qui, dans leurs formes et dans
leurs dimensions, ne nous offrent rien de cette
jeunesse et de cette beauté que leur promettoit
la nature (1).

---

(1) La plupart de ceux qui parlent de liberté savent
si peu ce qu'ils disent , que je crois nécessaire de
réimprimer ici ce que j'en ai dit moi-même dans un
grand ouvrage que les circonstances politiques où nous
nous sommes trouvés depuis trois ans m'ont forcé d'in-
terrompre, mais non pas d'abandonner. L'ouvrage dont
il s'agit aura pour titre *De la loi des êtres et de leur
destinée*. Le morceau qu'on va lire, et qui a paru il

Or, que faut-il faire pour que, dans la manifestation de la pensée, la liberté ne devienne
pas la licence ?

---

y a quelques années dans la *Gazette de France*, en
est extrait.

« La liberté n'est point une affaire d'opinion, c'est
» une manière d'être. Elle produit partout où elle existe
» un sentiment d'elle-même, sur la vérité duquel il est
» impossible de se méprendre. Un homme qui est es-
» clave se sent esclave, et jamais vous ne ferez qu'il
» n'ait point la conscience de sa servitude ; un homme
» qui est libre, se sent libre, et vous ne ferez pas da-
» vantage qu'il n'ait point la conscience de sa liberté.

» Il n'y a aucune alliance entre la servitude et la li-
» berté. Où l'une commence, l'autre finit. Toutes les
» deux, produisant des sentiments opposés, on voit
» bien qu'elles ne peuvent exister au même moment
» dans le même individu. Il en est de la servitude
» comme de la douleur, et de la liberté comme du bien-
» être, que nous ne pouvons éprouver à-la-fois.

» Mais, puisque la liberté n'est qu'une manière d'être
» et de sentir, qu'est-ce donc qui constitue la liberté ?
» ou, en d'autres termes, qu'est-ce que cette manière
» d'être et de sentir, qu'on appelle la liberté, et quel
» est l'ordre de choses qui la produit ?

» C'est encore l'homme qu'il faut étudier, si l'on
» veut se former une idée juste de ce qu'on doit en-
» tendre par liberté.

» L'homme est mû par des passions ou des affections,

39. Il me semble qu'on aura trouvé ce qui convient, si on place à côté de chacun des

» et bien que ses passions et ses affections ne soient au
» fond que sa sensibilité diversement modifiée, il y a
» néanmoins, entre les unes et les autres, des distinc-
» tions importantes à saisir.

» Les affections humaines ont cela de particulier,
» qu'elles sont expansives de leur nature. Elles attirent
» doucement l'homme vers l'homme, et ne le rendent
» heureux que de ce qu'il partage avec ses semblables.

» Les passions humaines, au contraire, ont cela de
» particulier, qu'elles sont d'une nature exclusive. Au
» lieu d'attirer doucement l'homme vers l'homme, elles
» l'en séparent quelquefois avec effort, et ne lui mon-
» trent de jouissances que là où ses semblables ne peu-
» vent partager avec lui.

» Quel sentiment produisent en nous, par exemple,
» les affections de la pitié, de la générosité, de la con-
» fiance! N'est-ce pas un sentiment d'attrait, d'abandon
» pour nos semblables? N'est-ce pas un besoin vive-
» ment éprouvé de les faire entrer en partage du bon-
» heur ou du bien-être dont nous pouvons jouir?

» Quel sentiment, quel besoin, au contraire, pro-
» duisent en nous les passions de la haine, de l'envie,
» de l'orgueil, de la crainte? N'est-ce pas un sentiment
» d'éloignement, souvent même d'aversion pour nos
» semblables? N'est-ce pas un besoin pareillement bien
» vif de nous composer à part un bonheur, dans le
» partage duquel il ne leur soit pas facile d'entrer.

» Les affections humaines ont encore cela de parti-

7

écarts de la licence, une loi qui la réprime;
si ces différentes lois sont tellement combi-

» culier, qu'elles ne peuvent agir sans opérer un dé-
» veloppement très-réel dans le système de nos facultés,
» à tel point que plus nos affections se dilatent, si je
» peux parler ainsi, et plus nous sentons nos facultés
» s'étendre.

» Les passions humaines, au contraire, ont cela de
» particulier, qu'elles ne peuvent agir sans opérer une
» contrainte également réelle dans le système de nos
» facultés, à tel point que plus nos passions ont d'é-
» nergie, et plus nos facultés se resserrent.

» A l'instant où nous éprouvons quelques-unes des
» affections dont je viens de parler, où, par exemple,
» nous sommes déterminés par des mouvements de gé-
» nérosité, de confiance envers nos semblables, n'est-il
» pas vrai que nous sentons bien véritablement nos fa-
» cultés croître et s'épanouir?

» N'est-il pas vrai, au contraire, que tant que dure
» l'action de la crainte, de la haine, de l'envie, de
» l'orgueil, surtout quand l'orgueil est exalté, nous
» sentons bien véritablement une sorte de pression sur
» nos facultés, qui semble en gêner le mouvement et
» en contracter le ressort?

» Enfin, les affections humaines ont cela de parti-
» culier, que parce qu'elles développent et qu'elles
» épanouissent nos facultés, elles entretiennent au-
» dedans de nous un bien-être non seulement moral,
» mais physique; un bien-être qui semble en quelque
» manière sortir de notre âme, pour se distribuer

nées qu'elles ne fassent pas dépendre l'essor
de la pensée du caprice de quelques volontés

_____

» comme une vapeur douce dans tous nos sens, et y
» répandre à-la-fois la fraîcheur et le repos.

» Les passions humaines, au contraire, ont cela de
» particulier, que parce qu'elles contraignent et res-
» serrent nos facultés, elles nous mettent véritablement
» dans un état de malaise, non moins physique que
» moral. Toujours quelque souffrance, quelqu'agita-
» tion sensible les accompagne, et tant qu'elles du-
» rent elles font subir à notre organisation une altéra-
» tion profonde, dont les suites ne sont quelquefois
» que trop funestes.

» Etudiez bien l'influence physique des passions,
» et vous n'aurez pas de peine à vous apercevoir que
» s'il étoit possible d'imaginer un homme obéissant
» pendant un petit nombre de jours, et sans relâche, à
» une passion portée dans tous les instants à son plus
» haut degré d'énergie, nécessairement cette passion,
» quelle qu'elle fût, agiroit sur lui comme un supplice
» pour le détruire.

» Etudiez bien, au contraire, l'influence physique
» des affections, et vous découvrirez sans peine qu'elles
» produisent un effet entièrement opposé; que si vous
» n'obéissiez jamais, par exemple, qu'aux sentiments
» paisibles qu'elles font éclore, aucun mouvement fâ-
» cheux ne fatigueroit l'économie de votre être; que
» vous auriez donc véritablement plus de santé, plus
» de vie, comme il est incontestable que vous auriez
» aussi plus de jouissances morales ou plus de bonheur.

dominantes, et malgré les précautions dont
elles l'environnent , si elles n'empêchent

» Il faut des distractions aux passions, tant elles sont
» mortelles de leur nature. Il n'en faut pas aux affec-
» tions, tant elles sont en analogie avec le principe
» qui nous développe et qui nous fait vivre.

» Or, ici , réfléchissez avec moi sur ce système pro-
» fond de sociabilité , dont je vous ai fait partout re-
» marquer les traces dans l'univers. Remarquez comme
» l'homme, examiné avec soin , devient une nouvelle
» preuve de cette première intention de la nature dans
» la création des êtres..... Par ses passions, l'homme
» s'isole visiblement de ses semblables , et il offense
» plus ou moins la loi de sociabilité à laquelle il doit
» obéir, et vous voyez que ses passions portent avec
» elles un germe de destruction , destiné bien évidem-
» ment à venger la nature du trouble qu'il opère dans
» son sein. Par ses affections , au contraire , l'homme
» s'unit à ses semblables , et s'abandonne à la direction
» de la loi qui tend sans cesse à l'en rapprocher ; et
» vous voyez que ses affections portent avec elles un
» germe de développement et de vie , destiné bien
» évidemment à le récompenser de la paix qu'il en-
» tretient dans la nature.

» Ici , remarquez encore combien est grande l'erreur
» de ceux qui soutiennent que , pour que la société
» subsiste, il est nécessaire que l'homme retranche
» quelque chose du développement de ses facultés.
» Vous savez maintenant que les passions sont des con-
» traintes, qu'il n'y a de développement réel que par les

en aucune manière son mouvement d'ascension vers la vérité.

» affections. Vous savez que ce n'est que par ses affec-
» tions, que l'homme accomplit sa loi de sociabilité.
» Vous ne pouvez donc plus douter que le plein déve-
» loppement des facultés humaines, loin d'être nuisible
» à l'état social, ne soit au contraire le plus sûr moyen
» de le maintenir; il devient donc évident pour vous
» qu'il n'y a rien absolument, dans l'organisation phy-
» sique et morale de l'homme, qui soit en opposition
» avec sa destinée ; et ainsi, toujours vous voyez repa-
» roître avec éclat cette imposante idée d'une Pro-
» vidence souveraine, rappelant sans cesse à l'unité
» jusqu'à l'entière consommation de ses desseins, l'im-
» mensité des êtres qu'elle a distribués dans l'espace,
» et à mesure que par leurs aberrations particulières ils
» tendent à troubler l'ordre essentiel et primitif de l'u-
» nivers, effaçant à tous les instants, par un mouve-
» ment réparateur, les mouvements désordonnés qu'ils
» peuvent y produire.

» Enfin, cherchez dans les distinctions que vous
» venez de saisir, entre les passions et les affections,
» la véritable notion de la liberté; il y a, comme je
» viens de vous le dire, une opposition formelle entre
» la liberté et la servitude ; de plus, comme je vous
» l'ai dit encore, la servitude est une manière de sentir
» et la liberté pareillement une manière de sentir.
» Or, que sent-on, quand on est esclave? évidem-
» ment une contrainte de facultés ! Que sent-on, quand
» on est libre ? évidemment un développement de fa-
» cultés. Je n'ai pas besoin, je crois, de prouver ces

Suivez-moi.

Distinction entre les personnes et les choses. Des choses sur lesquelles la liberté de la presse peut s'exercer. Lois répressives de la licence, ce qu'elles doivent être.

40. Je distingue ici entre les choses et les personnes.

_____

» choses là. Mais vous venez de voir que ce n'est que
» dans le système de nos affections, que nos facultés
» se développent ; que ce n'est que dans le système de
» nos passions que nos facultés se contraignent ; et
» quelle conséquence devez-vous tirer de cette obser-
» vation ? Celle-ci, certainement, que ce n'est donc
» alors que dans le système de nos affections que la
» liberté se montre, et qu'il est très-vrai de dire que
» la servitude est partout où quelque passion nous at-
» tend pour nous tourmenter.

» Je sens combien je diffère de la plupart de ceux
» qui ont parlé de la liberté. Il faut, disent-ils, des pas-
» sions à la liberté ; elle ne peut se conserver que par
» une surveillance inquiète et de tous les instants. Si elle
» cesse de s'agiter, elle est perdue. De grands carac-
» tères, des caractères passionnés, lui sont nécessaires
» pour se maintenir. Quand elle s'endort, le despo-
» tisme est là qui veille pour la détruire, et l'époque
» où elle se repose est aussi l'époque qui la voit dé-
» cliner et finir ; et on ne manque pas de citer à l'appui
» de ces maximes les Grecs et les Romains, et on ne
» remarque pas assez que ces deux peuples n'ont été
» vraiment libres qu'aux époques seulement où ils ont
» eu des mœurs saines et paisibles, et que cet esprit
» de licence et de faction qui les a si souvent tour-

Les choses sont la religion, la morale et les
mœurs, les lois.

» mentés, après des oscillations plus ou moins lon-
» gues, n'a dans le fond produit autre chose que leur
» servitude.

   » Ce seroit, certes, une étrange liberté que celle qui
» maintiendroit les hommes dans un état perpétuel de
» crainte et d'inquiétude ; que celle qui auroit besoin
» d'effort pour se maintenir, d'opposition pour durer, de
» mouvement tumultueux, seulement pour *être* ; que
» celle encore qu'on poursuivroit sans cesse comme une
» jouissance vivement espérée, et qu'il faudroit toujours
» perdre sitôt qu'on s'occuperoit d'en jouir. Les hom-
» mes n'auroient-ils donc été répandus sur la terre que
» pour y employer le temps si court qui leur y est donné,
» à se disputer vainement et sans profit sur la manière·
» dont ils doivent y vivre ? Faudroit-il donc croire
» que le bonheur est dans l'agitation et le malheur dans
» le repos ? Et parce que le spectacle des passions, aux
» prises avec les passions, a toujours quelque chose
» d'éclatant et qui plaît à notre orgueil, serions-nous
» assez dupes de cet éclat imposteur pour perdre de
» vue notre destination essentielle dans ce monde, et
» préférer l'abus, le tourment de nos facultés, à leur
» naturel et légitime usage ?

   » Non, il n'y a point de liberté sans repos. Je ne
» parle pas de ce repos apparent que la crainte accom-
» pagne, et que le despotisme produit quelquefois. Je
» parle de ce profond repos que la confiance établit,

Si la pensée s'exerce sur la religion, ou dans son orgueil insensé la pensée se propose de la la détruire, ou sortie involontairement de la route que la religion lui trace, il lui échappe, quoique avec des intentions pures, des opinions qu'elle condamne. Dans le premier cas, je vois un délit et une erreur ; dans le second cas, une erreur seulement. Le délit est du ressort des tribunaux. Comme le maintien de la paix publique leur est confié, et que tout ce qui trouble ou tend à renverser l'ordre social, doit exciter leur vigilance, il est certain que c'est

---

» et que maintient la sage observation des lois de la
» nature. Je parle de ce repos qui naît de toutes les
» habitudes sociales heureusement développées ; de ce
» repos qui fait que l'homme aime à vivre avec l'homme,
» et que ce qui convient à chacun n'est que ce qui
» convient à tous. Qu'on me montre un peuple où ce
» repos, cette paix du cœur, soit le partage du grand
» nombre, où le malheur appelle toujours la pitié, la
» pauvreté la bienfaisance, l'oppression momentanée
» la justice (car chez un tel peuple il ne peut y avoir
» d'oppression durable) ; qu'on me montre un peuple
» où il ne soit pas besoin d'effort pour être bon, d'hé-
» roïsme pour être généreux, de vertu pour être se-
» courable ; et je dirai hardiment, que ce peuple est
» libre, sans trop m'inquiéter de savoir à quel gou-
» vernement ou à quelles lois politiques il obéit.

à eux particulièrement qu'il appartient d'en connoître. L'erreur est du ressort des ministres de la religion. Leur devoir , comme leur droit , est de combattre l'erreur , de la proscrire même avec solennité. Je n'ai pas besoin de dire d'ailleurs ce qu'ils savent mieux que moi , que pleins de tolérance pour les errants, il ne leur est permis , en aucune circonstance , de provoquer contre eux la vengeance des lois. Leurs armes sont la vérité ; leur puissance , la prière ; et toute victoire sur leurs adversaires , que la charité n'avoue pas, peut bien procurer quelques avantages , mais pour eux-mêmes elle n'est jamais qu'une défaite véritable.

Si la pensée s'exerce sur la morale et les mœurs, aussi long-temps qu'elle n'attaque ni la morale ni les mœurs dans leurs principes essentiels , il faut laisser à la voix des sages le soin de la confondre. C'est la tâche aussi des ministres de la religion. Car, je ne saurois trop le dire, *la base de la morale et des mœurs est essentiellement religieuse.* Mais la pensée, devenue plus audacieuse, tend-elle à rompre toutes les digues que la raison oppose à ses écarts ? cherche-t-elle, par exemple, à répandre dans la société ces doctrines fatales qui, détachant l'homme de ses immortelles desti-

nées, le rendent absolument indifférent au vice
et à la vertu, l'accoutument à ne vivre que
pour le temps, à ne voir rien au-delà de ce
que le temps peut lui apporter ou de profit ou
de dommage, et en donnant ainsi l'essor à
toutes les passions, prépare-t-elle, dans son
imprudence, ces époques terribles où presque toutes les volontés, corrompues à-la-fois,
ne se meuvent que pour détruire? alors les
tribunaux doivent intervenir, et sans flétrir
la personne qui peut revenir à des idées
meilleures (car en matière d'opinion, même
quand l'opinion est très-mauvaise, le zèle outré
ne vaut rien), imprimer le sceau de la honte
à ses écrits, et, par des mesures plutôt certaines que rigoureuses, l'empêcher de répandre
au-dehors le poison dont elle est infectée.

Enfin, si la pensée s'exerce sur les lois,
comme d'après ce que j'ai dit, elle a le droit
incontestable de les confronter avec la loi souveraine qui doit régir tous les êtres moraux,
je n'aperçois qu'une seule circonstance où ses
œuvres puissent être comptées au nombre des
délits. Cette circonstance est celle où, en
s'occupant de ce qu'elle croit apercevoir de
vicieux dans les lois, elle tenteroit par des
exagérations sophistiques de porter les peuples

à la sédition. Alors, ce seroit moins la vérité qui la guideroit que les vues secrètes d'une ambition qui se cache encore, et qui n'attend que le désordre pour paroître avec avantage. Mais il ne faut pas faire de l'accusation pour sédition ce que les Romains faisaient sous les empereurs de leur accusation pour crime de lèse-majesté. Il importe d'autant plus qu'on détermine exactement ce qu'on entend par écrits séditieux, que toutes les résistances morales sont odieuses au pouvoir qui abuse ; qu'à l'aide d'une signification trop vague, il n'y auroit pas de pensée généreuse qu'il ne pût rendre criminelle ; et que cette puissance de la parole, cette éloquence des âmes élevées qui, dans les temps ou orageux ou difficiles, devient si nécessaire pour dévoiler avec autorité des desseins perfides, pour appeler la peine sur de grands coupables, et par de nobles mouvements rendre à la vertu découragée son ascendant et son empire, que cette puissance si redoutable aux pervers, empêchée par d'indignes obstacles aussitôt qu'elle se produiroit, n'auroit plus aucun moyen de se faire entendre.

Je viens de dire qu'il ne doit y avoir rien d'outré dans le zèle avec lequel on poursuit les opinions dangereuses ; qu'on peut bien flétrir les écrits , mais qu'il y a très-peu de circonstances où il faille se permettre , par exemple, de tourmenter, encore moins de flétrir les personnes. Outre la raison que j'en ai donnée , ceci résulte de l'indépendance naturelle de la pensée, qu'on ne corrige pas mais qu'on irrite lorsqu'on la blesse de trop près. Les erreurs sont ses liens. Que par la manière dont vous la réprimerez , on voye qu'en combattant ses erreurs, ce sont ses liens que vous brisez, afin que plus libre, la vérité devienne plus facilement son partage ; et qu'ainsi rien dans les jugements que vous prononcerez n'avertisse que c'est un pouvoir orgueilleux qui se venge, et non une autorité protectrice qui veille et qui garantit. Je voudrois donc, lorsqu'il s'agit en général d'opinions qui peuvent nuire, que le cas de sédition excepté, le *maximum* de la peine avec toutes les nuances que la différence des délits exige, fût l'exil ou la prison plus ou moins prolongée ; que dans les circonstances ordinaires on supprimât simplement les écrits avec des qualifications motivées ; que dans les circonstances moins ordinaires on exigeât de l'auteur la promesse de ne plus reproduire

les erreurs qu'on auroit condamnées ; que s'il
s'y refusoit, alors la prison ou l'exil hors des
limites de l'Etat fût le plus haut degré de la
punition encourue, et encore souhaiterois-je
qu'en pareille occasion l'auteur eût la faculté
de choisir entre la prison et l'exil. On semble-
roit lui dire : « Vous croyez vos opinions
» bonnes ; nous, au contraire, nous pensons
» qu'elles sont mauvaises, et que si nous les
» adoptions elles auroient pour notre système
» social et pour nos mœurs des conséquences
» funestes. Allez en paix, et si en effet vous
» n'avez publié que des vérités, elles nous
» reviendront, car Dieu nous est témoin que
» nous aimons la vérité. » Qu'on étudie bien
le cœur humain, et on verra qu'il y a plus
d'art et d'efficacité dans cette manière de
combattre l'erreur que dans toutes les sévérités
imaginées en divers temps pour l'empêcher
de devenir contagieuse (1).

41. Je viens aux personnes et aux écrits qui
peuvent les blesser.

Des person
sur lesquelles
liberté de la pr
se peut s'exerc
Lois répressi
de la licence.
qu'elles doiv
êtr .

_____

(1) Savez-vous pourquoi le zèle trop outré contre
l'erreur lui donne des partisans ? C'est que ce zèle choque
la liberté de tous, qu'on se met facilement à la place
de celui qu'on opprime, et que bientôt à force de le
voir opprimé on finit par penser comme lui.

Les personnes sont ou publiques ou privées.

S'agit-il des personnes privées? toutes les fois qu'elles sont offensées par des écrits que la haine, l'envie ou même l'erreur, a dictés, elles ont un recours naturel aux tribunaux, et le genre et la gravité de l'offense détermine dans ce cas la mesure de la peine que la loi doit infliger. Mais ici remarquez bien que le délit ne commence que lorsque la personne se trouve attaquée dans ses mœurs, qu'on lui impute des actions que la loi réprouve, que ce qu'on a écrit contre elle la compromet ou dans sa fortune ou dans son honneur. Alors elle a droit à des réparations proportionnées au dommage qu'elle a souffert, ou au tort qu'on a voulu lui faire dans l'opinion publique. Hors de-là, et s'il n'étoit question, par exemple, que de ces querelles d'ailleurs souvent assez vives que la diversité des sentiments soit en politique, soit en littérature, peut occasionner, il faut laisser l'amour-propre des uns aux prises avec l'amour-propre des autres, et se féliciter même lorsque par hasard il arrive qu'un talent supérieur veut bien prendre la peine de corriger à sa manière quelques-uns de ces Cotins ou politiques ou littéraires que l'ambition d'un peu de renommée ou le désir

de mettre à profit le besoin que certains hommes en place croient avoir de leur savoir-
faire, n'engagent que trop fréquemment à se
produire.

S'agit-il des personnes publiques ? vous
avez le droit sans doute de dénoncer les prévarications dont elles peuvent se rendre coupables. Alors il s'établit une lutte entre elles
et vous, et comme l'action en calomnie leur
est réservée, quand vous succombez dans l'attaque, il est tout simple que la loi prononce
contre vous des peines proportionnées au danger que vous avez voulu leur faire courir, et
même à la dignité du ministère qui leur est
confié. Et pourquoi? parce que plus les places
sont éminentes et plus elles exposent à l'envie, et que si l'on veut que ceux qui les occupent remplissent avec succès la tâche pé-
nible qu'elles leur imposent, il est bon qu'une
certaine sécurité les environne. Cependant
remarquez ici deux choses; d'abord que si la
loi en pareille conjoncture doit être moins
douce que lorsqu'il est question de personnes
privées, il ne faut pas pour cela qu'il y ait
rien de violent, ni d'outré dans sa sévérité.
En ce cas je ne verroi sen elle qu'un dangereux
instrument dans les mains du pouvoir, et

comme elle se montreroit toujours plus dis-
posée à sévir qu'à juger, plus menaçante qu'é-
quitable, au lieu de garantir le pouvoir qui
opère dans le bien, il est clair qu'elle ne feroit autre chose que prêter un appui au pouvoir qui ne veut opérer que dans le mal. Et
puis mettez au nombre des attentats contre la
liberté publique et particulière tout acte arbitraire que la personne inculpée, abusant du
crédit ou des attributions de sa place, se per-
mettroit contre celui qui l'inculpe. Les voies
légales lui sont ouvertes, et si elle aime mieux
opprimer que répondre, si elle se tait devant
l'accusation, occupée seulement de se venger
de l'accusateur, alors qu'elle ne s'étonne pas
de ce que les soupçons les plus odieux pla-
nent sur sa tête, et même de ce que, selon les
temps, on lui prête les intentions les plus perfides; et que tous apprennent par les excès
auxquels elle se livre, combien il importe à
l'autorité du prince, afin qu'elle ne cesse pas
d'être respectée, qu'à côté de la loi qui protége les pouvoirs délégués il y en ait aussi une
qui les réprime.

Enfin, si c'est la personne même du prince
ou du chef de l'État qui se trouve compromise
par un de ces écrits audacieux que le besoin

du désordre inspire quelquefois ; si dans l'é-
crit on travaille à détacher de lui les peuples
confiés à ses soins , si surtout on y remarque
l'intention de le faire déchoir du haut rang
où l'a placé la Providence (1) , ce n'est pas
là , je le sais , un délit ordinaire. Mais ici
plus encore que dans les délits dont on vient
de parler, il convient de ne rien laisser à
l'arbitraire des jugements. J'ai dit que la souveraineté qu'exercent les princes ne leur appartient point en propre ; qu'elle est une dé-
légation sensible de l'éternelle et suprême
souveraineté ; que c'est là son éminent caractère , et que tantôt pour l'instruction de ceux
qui sont assis sur les trônes de la terre , tantôt
parce que les peuples ont comblé la mesure
de leurs prévarications , il survient des époques où cette souveraineté éternelle et suprême , retirant à elle l'autorité qu'elle a con-
fiée , permet aux causes qui détruisent les
empires d'agir selon toute leur puissance.
Alors, il peut se faire qu'il s'élève des hommes
qui remarquant ce qui va résulter des vices

---

(1) Comme il arriva du temps de Louis XVI et durant le cours de cette assemblée à laquelle on a donné
si mal-à-propos le nom de constituante.

qui se montrent à découvert, des passions qui augmentent d'audace, de l'opinion qui s'égare, des maximes corruptrices qui prévalent, de l'imprudence et de l'immoralité des principes d'après lesquels on gouverne, n'hésitent pas à signaler sans ménagement et dans toutes leurs conséquences, le mal qu'on fait et celui qu'on prépare. Prophètes de l'ordre politique, ils comprennent qu'en pareil cas, une circonspection timide nuiroit plus à la vérité qu'elle ne lui serviroit; que la sagesse ne doit pas toujours parler le même langage, et qu'il y a des conjonctures où il faut donner à la raison une certaine fiérté, quelque chose d'imposant et de superbe, afin qu'elle lutte avec avantage contre les volontés altières ou perverses qui, par une administration sans règle, ou par des moyens plus odieux encore, entraînent violemment les peuples vers leurs dernières destinées. Mais ne craignez point que jusques dans l'expression des sentiments amers auxquels ils s'abandonnent, il leur échappe rien qui tende à diminuer le respect dont il convient que le prince demeure toujours environné. Ils savent très-bien que nul ne veut contre son intérêt; que l'intérêt du prince est absolument le même que l'intérêt du peuple,

et que, politiquement parlant, il y auroit plus
que de la témérité à présumer dans le prince
une volonté malfaisante. Vous ne leur impute-
rez donc pas à crime le courage avec lequel ils
dénoncent des pouvoirs devenus tyranniques,
des complots qui n'attendent pour éclore que
des occasions de jour en jour plus prochaines.
Vous ne regarderez donc pas comme séditieuses
les réflexions nécessairement austères que
leur inspire le triste pressentiment des malheurs prêts à fondre sur leur patrie. Et, en
effet, et si vous n'avez pas abjuré toute pudeur,
ou si du moins quelque prévoyance vous reste,
de quels prétextes useriez - vous pour trans-
former en coupables ces hommes énergiques ?
Seroit-ce parce qu'avec une sincérité que les
circonstances seules ont rendue hardie, ils
ôtent à l'orgueil ses illusions, à l'hypocrisie
son masque, à la perversité ses mensonges,
aux perfides intentions leur secret ? Voudriez-
vous donc qu'à l'exemple du grand nombre,
ils imposassent à leur conscience indignée un
silence honteux ? et seriez-vous assez insensés
pour les compter au nombre de vos ennemis,
eux qui n'élèvent la voix, qu'afin, s'il en est
temps encore, d'éloigner de vous l'avenir plein
d'évènements funestes dont vous êtes menacés?

Je ne fais cette observation que parce que j'ai appris de l'histoire, *et même aussi de ma propre expérience*, que lorsque la dépravation est devenue générale, et que l'injustice régnant avec empire ne permet plus d'autre langage que celui de la bassesse et de la servitude, il n'est alors que trop ordinaire de confondre avec les délits contre le prince, des actes, au contraire, qui n'ont pour objet que de l'éclairer sur des manœuvres, des désordres ou des abus qui, s'ils n'étoient sévèrement réprimés, accréditeroient malheureusement cette opinion dangereuse, qu'il est donc possible que les princes ayent une volonté en opposition avec ce qui est honnête, avec ce qui convient, avec la loi qui protége les peuples ; opinion qui ne devient point dominante sans rompre le nœud mystérieux par lequel les peuples tiennent aux princes et les princes aux peuples, sans séparer en deux destinées ce qui devroit n'en composer qu'une seule, et ainsi, et par cette fatale séparation, sans donner une grande activité aux causes qui opèrent ou le bouleversement ou la chute des Etats (1).

---

(1) Et voilà pourquoi il importe essentiellement de ne pas confondre les pouvoirs délégués avec l'autorité

Je n'ai plus que quelques réflexions à faire
sur les feuilles périodiques et sur les tribunaux
qui doivent connoître des délits auxquels la
liberté de la presse peut donner lieu.

———————————————————————

suprême, ou en d'autres termes, de ne pas permettre
que les volontés des ministres se produisent comme des
volontés royales.

L'intérêt du prince, ainsi qu'on le voit dans le texte,
est identiquement l'intérêt du peuple. Car tout ce qui
profite au peuple lui profite, et tout ce qui nuit au
peuple lui nuit. Le prince peut donc se tromper ou être
trompé. Mais son instinct royal, si je peux me servir de
ce mot, le porte naturellement à vouloir ce qui, en faisant le bien du peuple, fait aussi le sien.

L'intérêt des ministres, au contraire, peut fort bien
être en opposition avec l'intérêt du peuple. Un ministre
veut élever sa famille, accroître ses richesses, augmenter son crédit, sa fortune, détruire ses rivaux; il a des
vues particulières d'ambition. Dans beaucoup de circonstances il est donc possible qu'il préfère ce qui lui
est utile à ce qui est honnête ; qu'il devienne injuste,
si par des voies injustes il parvient plus facilement à
obtenir ce qu'il convoite ou ce qu'il espère ; qu'il opprime même, si l'oppression est pour lui un moyen
certain d'abuser avec plus de succès du pouvoir qui lui
est confié.

En un mot, un ministre peut profiter, où le peuple
ne profite pas, et gagner où le peuple perd ; d'où il suivroit qu'il est dans la nature même des choses que les
ministres soient responsables, tandis que cette même

Y a-t-il quelque danger à laisser aux auteurs des feuilles périodiques autant de latitude
pour publier leurs pensées qu'on en laisse aux
autres écrivains? ou convient-il de les assujétir
à une censure préalable qui, quelle qu'elle
soit au reste, se trouvera toujours nécessairement *dans la dépendance des pouvoirs qui
gouvernent ?*

Je ne dissimule pas que les auteurs des
feuilles périodiques ont une certaine mesure
d'influence sur l'opinion ; mais je crois aussi
qu'ils ont un plus grand intérêt à s'élever
contre l'opinion quand elle est mauvaise, qu'à
la flétrir quand elle est bonne. Nul ne s'expose
volontairement à la honte. On se cache pour
mal dire comme pour mal faire, et parce que
celui qui lit ne se sépare pas de sa conscience
lorsqu'il lit, il est clair qu'un auteur de feuilles
périodiques, beaucoup plus lu en général
qu'aucun autre écrivain, a un plus grand

---

nature des choses demande que le prince ne le soit pas.
Le Roi ne peut pas mal faire, disent les Anglois. Mais
je le répète : afin que cela soit, il ne faut pas que la
volonté du prince et celle des ministres, qui par elles-
mêmes sont essentiellement distinctes, se manifestent
comme si elles n'étoient qu'une seule volonté.

nombre de consciences ou de censeurs à redouter, et qu'il lui importe davantage de ne
pas franchir en écrivant les bornes que la
bienséance, que les convenances sociales,
que la justice qui ne fléchit point, lui pres-
crivent.

Ajoutez à ceci, que l'opinion ne s'épure
qu'autant qu'elle est libre. Elle n'est autre
chose alors que les consciences qui parlent;
or, quand les consciences parlent, c'est la
vérité qu'elles disent. Ne m'objectez pas que
j'ai moi-même reconnu que l'opinion peut
devenir une puissance malfaisante; car je
vous ai appris aussi que ceci n'arrive que
lorsque les peuples, fatigués trop long-temps
par le régime faux auquel ils obéissent, cherchent une autre position que celle où l'on
veut qu'ils demeurent. *Changez le régime,
et vous ne craindrez plus l'opinion.* Je con-
çois sans peine comment l'opinion que vous
entravez en tout sens, si elle vous échappe
une fois, dépassera de bien loin les limites
où plus de confiance et une contrainte moins
importune l'auroient retenue. C'est le ressort
qui, libre enfin du poids qui le comprimoit,
réagit au-delà du point où son action doit
porter. Mais pourquoi asservissez-vous ce qui

ne peut pas l'être sans acquérir des qualités nuisibles ? Ce ruisseau répandoit au loin l'abondance ; vous opposez une digue à son cours. S'il surmonte la digue, il ne sera plus que le torrent qui ravage. S'il lui cède, ses eaux refoulées sur elles-mêmes, et désormais stagnantes, infecteront la contrée qu'elles embellissoient auparavant; image trop vraie de ce que vous faites lorsque vous entreprenez de donner des fers à l'opinion. Vous ne réussissez jamais alors qu'à lui préparer une énergie dangereuse, ou, ce qui est pire encore, qu'à la corrompre.

Ne me dites pas que ce qui convient à un peuple qui a des habitudes saines peut ne pas convenir à un peuple corrompu. Que faut-il à un peuple corrompu ? Ce qu'il faut à un peuple qui a des habitudes saines, la vérité, qui seule encourage, corrige et régénère. Il en est de la vérité comme de l'innocence. Le tyran le plus farouche ne frappe l'innocence qu'en détournant les yeux. Un regard de l'innocence feroit tomber le fer de sa main homicide. La vérité aussi, surtout *la vérité morale*, dès qu'elle se montre, épouvante celui qui l'avoit bravée jusques-là. Ici la résistance ne produiroit que le remords, et il n'y a point d'audace dans le remords.

Souffrez donc que la vérité paroisse; et s'il
est vrai que, dans l'ordre moral et politique,
les feuilles périodiques sont un des plus grands
moyens de la répandre, ne confondez pas les
précautions qu'il convient de prendre pour
que l'erreur ou les passions n'altèrent pas
sa pureté, avec les obstacles que le pouvoir,
quand il a besoin de devenir arbitraire, ne
manque pas d'imaginer pour l'empêcher de se
produire. Je viens d'indiquer, autant que je l'ai
pu dans un ouvrage aussi court que celui-ci,
les principes d'après lesquels doivent être
rédigées les lois concernant la liberté de la
presse. Qu'on réfléchisse sur ces principes, et
on verra que les lois qu'il faut en faire dériver
sont plus que suffisantes pour retenir les écrivains périodiques dans les bornes de la sagesse
et de la modération. Aller au-delà, c'est annoncer qu'on craint plus la vérité qu'on ne la
recherche, ou du moins, qu'on se juge assez
éclairé pour faire le bien sans conseil, tandis
qu'en travaillant ainsi à éteindre les autres lumières, on laisse trop croire au contraire,
qu'on veut faire le mal sans contradiction (1).

_____

(1) Je ne connois que les pièces de théâtre qu'il faille
assujétir à une censure préalable, parce qu'on y parle

Et puis , de qui dépendroit la censure préalable à laquelle vous voudriez assujétir les
auteurs des feuilles périodiques ? de ceux
d'entre les préposés du gouvernement auxquels le régime de l'Etat est plus particulièrement confié ? C'est-à-dire que vous ajouteriez
un pouvoir immense à un pouvoir déjà si dangereux lorsqu'il dépasse ses bornes naturelles,
et que tandis qu'il leur seroit loisible d'agir à
leur gré, il faudroit aussi que nous pensassions
à leur gré ? Ils placeroient, si je peux parler
ainsi , les feuilles périodiques entre le trône et
le peuple , afin que le prince ne connût jamais la vérité, et qu'il ne restât au peuple
dans son désespoir et sa misère aucun moyen
de la lui faire entendre. Maîtres d'ailleurs de
disposer à leur fantaisie des réputations comme
des places, comme des fortunes , si des hommes que distinguent de grands talents , un caractère élevé, des vertus courageuses, osoient

---

à des hommes assemblés ; que les fausses maximes dont
elles peuvent être remplies , aidées de la magie du spectacle, doivent être regardées en quelque sorte comme
des actes séditieux contre la morale, les mœurs ou les
lois ; et que là, où par la facilité d'émouvoir on peut
subitement éveiller des passions dangereuses, le pouvoir doit intervenir.

écrire, vous les verriez défendre aux auteurs
de ces feuilles de rendre compte de leurs ouvrages et même de les annoncer, afin que s'il
se pouvoit, les ouvrages mourussent dans le
lieu qui les auroit vus naître, et que le silence
dont on les environneroit empêchât au loin
comme auprès tout le bien qu'ils devroient
produire (1). Encore si les auteurs de ces

---

(1) Voilà ce que l'histoire de la révolution nous présente. Avant même que la révolution eût éclaté, la secte
prétendue philosophique s'étoit emparée des journaux,
et s'en étoit fait un grand moyen pour égarer l'opinion. Depuis, la faction qui n'a cessé de dominer en
France, n'a certes pas négligé ce moyen. On sait comment elle s'en est servie pour déchirer les réputations;
rendre des comptes infidèles des discours et des faits;
inviter au meurtre, au pillage, le peuple des campagnes;
calomnier la religion et ses ministres; vouer à la mort
les prêtres, les nobles et les riches; couvrir la France
d'échafauds, de sang et de ruines; bouleverser dans
l'intérêt de son avarice et de sa fortune tout le système
de la propriété, etc. etc. Or, on remarquera que pendant le peu de moments où à longs intervalles la presse
a été libre, les journaux d'eux-mêmes ont parlé sur un
autre ton; que leur langage alors a toujours été celui
de la religion, de la morale, de la justice; et qu'il suffisoit de les abandonner à leur propre sagesse pour obtenir de leur influence les effets les plus salutaires. Mais
ils disoient trop bien, et il étoit tout simple, puisqu'on
vouloit que le mal prévalût, qu'on les obligeât au silence.

feuilles désormais insipides se bornoient à
faire de leur mieux pour vouer à l'oubli des
écrits qui ne seroient redoutables que parce
qu'ils opposeroient des vérités importantes à
des erreurs funestes ! Mais on leur ordonnera
de calomnier et ils calomnieront ; et tout ce
que l'injure a de grossier, tout ce que le mensonge a d'audacieux, tout ce que l'orgueil
offensé peut se permettre d'insultes misérable-
ment réfléchies, vous le trouveriez consigné
dans leurs tristes annales, et vous ne sauriez
ce que vous devriez admirer le plus ou du
scandale de leurs productions ou de leur em-
pressement à servir des passions qui leur sont
étrangères. Et cependant il s'agiroit peut-être
de rendre à une nation avilie et presque dis-
soute, le noble et brillant caractère qui la re-
commandoit autrefois à l'estime des autres
nations ; de lui faire retrouver un peu de cette
énergie qu'on remarquoit en elle, et sans laquelle il seroit impossible qu'elle vît renaître
les jours de sa gloire et de sa prospérité ;
de la rappeler aux maximes d'honneur, aux
vertus antiques, aux habitudes pleines de confiance et d'abandon qui étoient les maximes,
les vertus, les habitudes de ses pères ; et on
croiroit obtenir tous ces biens en multipliant

les obstacles autour de la pensée, en la rédui-
sant à n'être autre chose que ce qui conviendroit à une administration inquiète et soup-
çonneuse? Et on imagineroit qu'on auroit beaucoup fait pour arracher cette nation à son sort
déplorable en la gouvernant par les principes
qui l'auroient corrompue, en étouffant en elle
comme à dessein cet instinct moral qui ne
nous quitte jamais, mais qui ne peut se développer, qu'autant que rien n'en gêne les mouvements généreux, et que la carrière qui s'ou-
vre devant lui est la carrière de la liberté et
non pas de la servitude !

Je ne dirai qu'un mot des tribunaux qui
doivent connoître des délits auxquels la liberté
de la presse peut donner lieu.

Afin de m'expliquer comme je le voudrois
sur cet article important, il faudroit que j'en-
trasse dans des détails très-circonstanciés
sur ce que doit être l'ordre judiciaire considéré dans ses rapports avec le système politique du gouvernement ; et on comprendroit
mieux ici qu'on n'a pu le faire plus haut, pourquoi il seroit à souhaiter que nos juges, moins
détachés de ce qui intéresse notre grande destinée sociale, fussent aussi des magistrats ; mais
dépasserois les bornes que je me suis prescrites.

J'observerai donc seulement que dans les délits qui concernent la liberté de la presse, il convient d'examiner, encore plus que dans toutes les autres espèces de délits, quelle a pu être l'intention de celui qui est accusé. Car c'est particulièrement l'intention qui, dans ce cas, fait l'erreur, la faute ou le crime. Ainsi vous ne confondrez point l'imprudence, la témérité, l'étourderie, la plainte trop amère, le zèle qui va trop loin, avec le dessein de troubler et de nuire ; et les nuances délicates qui distinguent ces choses ne vous échapperont pas.

Je remarquerai ensuite que le tribunal chargé de prononcer sur les délits de la presse, est essentiellement le tribunal de l'opinion ; qu'il importe donc qu'il soit composé de manière à ce que l'opinion puisse donner à ses jugemens une grande autorité, et qu'il ne sera ce qu'il doit être, qu'autant que le public, que de telles affaires rendent toujours attentif, verra qu'il y a une sorte d'impossibilité à ce qu'il obéisse dans ses décisions à une influence étrangère.

Or, d'après cette considération, et sans que j'aye besoin de m'étendre davantage, il est clair que c'est à la procédure par jurés

qu'il faut avoir recours toutes les fois qu'il
s'agit d'un délit relatif à la liberté de la presse.
L'accusé alors a plus de latitude pour se défendre, l'accusateur moins de prétextes pour
tromper, moins de ressources pour séduire ;
le juge, plus de facilité pour découvrir les
motifs, plus de force contre le crédit et
la puissance. Peut - être aussi seroit-il sage
de former le jury, en pareille circonstance,
de façon qu'il s'y trouvât autant d'anciens
jurisconsultes que de jurés ordinaires ; le dis-
cernement et l'expérience des uns aideroient
la sagacité naturelle des autres, et on n'auroit
pas à craindre que dans les jugements qui in-
terviendroient on remarquât ni une indulgence
dangereuse, ni une sévérité blâmable (1).

_____

(1) Dans l'ouvrage que j'ai perdu, je m'étois occupé,
sans tenir cependant beaucoup à cette idée, d'une sorte
de censure qui n'avoit rien de commun avec la censure
d'ailleurs assez modérée que nous connoissions autrefois, et dont le chef étoit le chancelier de France, attendu qu'alors nous pensions que s'il faut que la religion, la morale et les mœurs soient *immédiatement*
gardées, c'est au chef de la justice que de telles fonctions appartiennent.

Or, les censeurs que j'établissois n'empêchoient pas
la publication des ouvrages, mais préposés pour ga-

Voilà, selon moi, ce qu'il faudroit faire pour
arrêter la licence de la pensée, et cependant

---

rantir de toute atteinte la religion, la morale et les
mœurs, ils avoient les yeux constamment ouverts sur
ce qui pouvoit les altérer; en conséquence, concur-
remment avec les procureurs généraux des cours souveraines, ils jouissoient du droit d'arrêter le cours des
écrits, et même suivant les circonstances de dénoncer
les auteurs qui, relativement à ces divers objets, leur
paroissoient répréhensibles. Ces censeurs, au reste, ne
jugeoient point, mais il faisoient juger, mais ils employoient à combattre l'erreur, des plumes exercées;
car c'est peu que de punir l'erreur, il faut la combattre.

En un mot, j'en faisois des magistrats des mœurs,
et cette magistrature étoit éminente, et je la rendois
encore plus indépendante que toutes les autres. On ne
pouvoit destituer celui qui en étoit revêtu qu'après un
jugement qui l'auroit déclaré coupable d'avoir préva-
riqué dans ses fonctions. Ainsi, je la soustrayois à
l'influence et à l'arbitraire du pouvoir, d'autant mieux
que lorsque, par un mérite long-temps éprouvé, on
avoit été reconnu digne d'exercer cette censure suprême, on ne pouvoit plus prétendre à une autre
place. Or, *c'est toujours l'espérance d'être mieux qui
corrompt.*

Nous avons fait autrement que tout cela. A dater
presque du commencement de notre révolution, c'est
à la police que nous avons confié le soin, tantôt de
former, tantôt de réformer l'esprit public : étrange
idée, et qui ne seroit sûrement pas tombée dans la
tête de Montesquieu !

né point en empêcher l'essor. Au reste, jamais
on ne parle plus de la nécessité de laisser la
presse libre, que lorsque les abus sont devenus
intolérables et que de fausses lois consacrent
les abus. Soyez certain qu'on ne seroit guère
empressé d'écrire sur les matières d'administration, si tout alloit bien. On ne crie que lorsqu'on souffre.

J'ai fini. Qu'ai-je voulu dans cet essai ?
Opposer quelques vérités d'un grand intérêt,
mais depuis long-temps méconnues, à des
erreurs trop généralement accréditées ; prouver que le principe générateur de tous les ré-
gimes auxquels les peuples doivent obéir est
dans la Divinité même ; qu'avant que les peuples fussent, elle a déterminé les lois par lesquelles il convient de les conduire ; que tout
ce qui blesse ces lois impérissables l'offense ;
qu'elles seules, selon qu'on les respecte ou
qu'on s'en écarte, font la destinée des États ;
montrer que l'homme est un être essentiellement moral ; que si, durant le cours de sa
vie apparente, il est soumis au temps, cependant par l'infini qui est dans ses facultés, c'est
à un ordre éternel et fixe qu'il appartient ;
qu'il ne faut donc jamais perdre de vue, lorsqu'on lui donne des lois, la dignité de sa nature

9

immortelle ; qu'en aucune circonstance il n'est donc permis d'oublier qu'il a une conscience, et que là est un *verbe,* une parole, qui correspond avec la parole éternelle ; qu'on est donc absolument hors de la route du bien, toutes les fois qu'on lui prescrit des devoirs que l'éternelle parole désavoue, ou qu'on l'assujétit à des institutions contre lesquelles réclame cette justice souveraine, qui seule, comme je l'ai fait voir, possède par elle-même la puissance, et dont on ne méprise pas impunément les oracles. En un mot, mon but a été d'arriver à cette conséquence , que tous les gouvernements vrais ou légitimes ne sont que des *théocraties ;* que leur tâche est de détruire, autant qu'il est en eux, les obstacles qui s'opposent à ce que nous accomplissions la grande loi de sociabilité ou d'harmonie pour laquelle nous sommes évidemment créés; qu'ils nous doivent la paix , parce que dans la paix les passions qui divisent s'affoiblissent, et que les affections qui rapprochent se développent ; qu'ils nous doivent la justice, parce que là où l'injustice prévaut, la corruption s'établit, la sociabilité s'éteint, et que ce n'est pas pour vivre isolés et corrompus que nous venons sur la terre ; enfin, qu'ils nous doivent, non pas

les richesses, non pas les plaisirs, non pas la
gloire, mais le bonheur, c'est-à-dire, la certi-
tude de jouir en repos de ce que notre travail
de tous les jours a produit, parce que ce n'est
qu'ainsi que nos habitudes deviennent saines,
que notre esprit s'épure ; et que, dans le calme
d'une vie sagement occupée, persuadés de la
sainteté des devoirs que la Providence nous
impose, nous nous accoutumons à la regarder
comme le témoin invisible de nos bonnes actions et la source du contentement intérieur
qui les accompagne.

J'ai cru d'ailleurs qu'il m'étoit permis d'é-
crire ces choses sous le règne d'un Prince qui
aime la vérité, qui croit que l'erreur, surtout
l'erreur intéressée, est le plus dangereux
ennemi de l'autorité des Rois; qui souhaite que
la lumière se répande, afin que les consciences
soient éclairées ; qui sait que le plus noble
apanage de l'homme est dans la pensée, et
que sa raison supérieure et l'expérience de
notre triste révolution n'ont que trop convaincu qu'il n'y a que ceux qui, après s'être
saisis du pouvoir, méditent d'en abuser pour
l'oppression et le malheur des peuples, QUI
COMMANDENT LE SILENCE.

FRAGMENT SUR L'HONNEUR.

Extrait d'un ouvrage inédit de M. Bergasse.

CE fragment n'est pas le morceau le plus saillant de l'ouvrage. M. Bergasse , en s'occupant de la plus haute question de morale politique qui puisse être traitée dans les circonstances présentes , saisit par la manière dont il la résout, tous les principes du gouvernement ; et du point où il s'élève jetant les yeux non plus sur la France seulement , mais sur le monde civilisé , il fait voir entr'autres choses que toutes les destinées des peuples , ne sont que des destinées religieuses : que selon que Dieu se retire des consciences, ou qu'il y demeure , *il agite ou calme l'Univers* (ce sont ses termes). Cette dernière partie qui n'est point achevée, parce que sa position ne le lui a pas encore permis , a quelque chose de sombre et d'auguste, comme le comporte la dignité du sujet qu'il traite.

« Montesquieu a fait de l'Honneur le prin-
» cipe ou le ressort du gouvernement, et il a
» trouvé des contradicteurs. Je n'examinerai

» point si en nous parlant de l'Honneur, Mon-
» tesquieu ne l'a pas défini moins d'après ce
» qu'il est en lui-même, que d'après ce qu'il
» étoit devenu parmi nous, à l'époque où il a
» publié son immortel ouvrage ; mais je vais
» prouver que c'est à tort qu'on a combattu
» son opinion.

» Il y a cette différence entre le gouverne-
» ment monarchique et le gouvernement des-
» potique, que dans le gouvernement despo-
» tique, la loi n'est autre chose que le despote
» lui-même qui commande et qui est obéi ; non
» pas, parce que ce qu'il commande est juste ;
» mais uniquement parce qu'il le commande ;
» qu'au contraire dans le gouvernement mo-
» narchique, il y a des lois certaines qui obli-
» gent également le prince et les sujets ; lois
» qui laissant au prince toute la puissance pour
» faire le bien, tendent seulement à empêcher
» le mal que ses propres erreurs, et plus sou-
» vent encore les erreurs de ses ministres et
» de ses courtisans peuvent occasionner.

» Mais quoique dans la monarchie il y ait
» des lois qui préviennent les écarts ou les
» abus de la puissance, il faut avouer cepen-
» dant que ces lois n'auroient pas une longue
» durée si elles n'empruntoient des mœurs na-

» tionales une force qu'elles n'ont point par
» elles-mêmes. Prenez-y garde, les lois ne
» sont rien quand elles ne s'appuient pas sur
» les mœurs. On peut faire taire les lois, on
» ne fait pas taire les mœurs. Tant qu'un peu-
» ple conserve les mœurs de son gouverne-
» ment, tout ce qu'on tente pour détruire son
» gouvernement ne réussit pas; il y a toujours
» dans les mœurs nationales une force qui,
» luttant avec avantage contre les passions ou
» les entreprises de ceux qui commandent, les
» empêche d'oser tout ce qui choque de trop
» près la conscience, les préjugés, les opi-
» nions, les coutumes de ceux qui obéissent.
» Voulez-vous savoir pourquoi votre révolu-
» tion est arrivée? C'est qu'à dater de plus
» d'un siècle, vous aviez cessé d'avoir les
» mœurs de votre gouvernement. Les révo-
» lutions ont des causes beaucoup plus lentes
» qu'on ne l'imagine. Au moment où elles écla-
» tent, on les croit soudaines, et cependant
» elles ne font que manifester les vices qui
» depuis long-temps travailloient le corps poli-
» tique, et qui en préparant sa dissolution
» morale avoient altéré ou vicié par degré les
» institutions dont il empruntoit son énergie:
» semblables à ces maladies cachées qui com-

» mencent par des malaises à peine sensibles ;
» qui continuent par des douleurs intermitten-
» tes, puis périodiques ; qui, ensuite, atta-
» quent sourdement et comme en silence les
» organes de la vie ; et qui au moment où
» l'on s'y attend le moins, finissent leurs ra-
» vages trop peu remarqués, par une mort
» non moins subite qu'inévitable.

» Les gouvernements en général ne se main-
» tiendroient donc qu'autant qu'ils conservent
» les mœurs qui leur sont propres.

» Or, voyons maintenant si Montesquieu
» s'est trompé, quand il a dit que l'Honneur
» doit être la qualité ou la vertu dominante
» dans les mœurs des peuples que régit le
» gouvernement monarchique.

» L'Honneur, à le bien définir, n'est autre
» chose que le sentiment de notre propre
» dignité : l'Honneur est à lui-même sa loi,
» c'est-à-dire, que ce n'est pas d'une règle,
» d'un précepte étranger qu'il dépend, mais
» des maximes qu'il s'est faites ; maximes im-
» périeuses et sévères, qui ne lui permettent
» en aucun temps de transiger avec ses devoirs.
» Tout ce qui fatigue l'Honneur, le blesse ;
» tout ce qui le blesse, l'offense ; tout ce qui
» l'offense, l'avertit de résister, ou lui com-

» mande de s'abstenir. L'honneur met au rang
» des choses impossibles toute action qui ne
» s'accorde pas avec les principes qui le di-
» rigent, et même avec ses préjugés (1).

» L'Honneur appartient à toutes les condi-
» tions, mais il prend un caractère plus sail-
» lant, plus décidé, selon que les conditions
» deviennent moins vulgaires. Dans les con-
» ditions moyennes, on doit à l'Honneur une
» certaine opinion de ce qui est bien, qui donne
» à la probité plus de délicatesse ; à la bonne
» foi plus d'étendue ; aux procédés plus de
» franchise ; à la morale usuelle plus de stabi-
» lité. Dans les conditions plus élevées, l'Hon-
» neur, selon que le demande l'occasion, ajoute
» à ces vertus un désintéressement qui ne con-
» noît pas de bornes, une hauteur de pensée

_____

(1) Après la Saint-Barthélemi, Charles IX ayant
écrit à tous les gouverneurs de faire massacrer les Hu-
guenots, le vicomte d'Orte, qui commandoit dans
Bayonne, écrivit au Roi : « Sire, je n'ai trouvé, parmi
les gens de guerre, que des citoyens, de braves sol-
dats, et pas un bourreau ; ainsi eux et moi supplions
Votre Majesté d'employer nos vies à choses faisables. »
Ce grand et généreux courage regardoit une lâcheté
comme une chose impossible. (*Montesquieu, Esprit
des lois.*)

» qui rejète avec dédain tout ce qui est équi-
» voque ; un courage que les événements ne
» déconcertent pas ; une magnanimité qui, au
» besoin, devient capable des plus grands sa-
» crifices.

» Je viens de dire que l'Honneur résiste :
» Ce n'est pas qu'il n'obéisse , et même qu'il
» n'aime à obéir ; mais il faut qu'il obéisse
» avec toute son indépendance ; mais il faut
» que ce qu'on lui commande soit aussi ce
» qu'il se prescrit ; mais il faut que dans son
» obéissance il n'y ait rien de vil , rien qui
» affoiblisse ce respect que nous nous devons
» à nous-mêmes, respect qui est le mobile des
» grandes choses et des grandes vertus. Ne
» contraignez point l'Honneur, quand il ne
» veut pas faire, souffrez qu'il dise, *je ne peux*
» *pas.* Tout est perdu , si l'on regarde comme
» criminelles les résistances morales qu'en
» quelques rencontres l'Honneur oppose à la
» puissance.

» L'Honneur n'est ni turbulent, ni sédi-
» tieux ; c'est la conscience qui se montre
» fière d'elle-même et certaine de ses droits:
» or, n'oubliez pas que lorsque la conscience
» se montre , l'autorité qui veut abuser s'avi-
» lit. Car la conscience dispose de la honte ;

» elle flétrit ce qu'elle n'approuve pas. Re-
» marquez aussi que l'autorité qui s'avilit, n'a
» plus que la force pour soutien ; la force qui
» s'use si vite, et que tant d'événements peu-
» vent détruire.

» Encore un mot sur l'Honneur. Parce que
» l'Honneur craint autant d'offenser qu'il est
» sensible à l'offense, on lui doit ce sentiment
» profond des convenances, cette politesse
» pleine d'égards, ces bienséances dans le
» commerce de la vie qui répandent tant de
» douceur sur les rapports que la société nous
» donne ; ce tact encore qui avertit si promp-
» tement de ce qui peut humilier ou déplaire,
» et surtout cette attention sur soi-même qui
» prévient ou empêche en tant de rencontres
» les saillies de l'humeur, les écarts de l'im-
» prudence, ou les fautes de l'indiscrétion.
» L'Honneur, bien que sévère, n'est donc ni
» rude ni fâcheux. Cependant ressouvenez-
» vous toujours que ses maximes ne fléchissent
» jamais, qu'il ne change pas au gré des per-
» sonnes, et comme le veulent les temps.
» L'Honneur, en quelque circonstance que
» ce soit, ne se dispense, par exemple, ni de
» ses promesses, ni de ses serments ; il est
» fidèle même quand ses services sont oubliés.

» Vous pouvez le négliger ou le méconnoître,
» et vous ne faites autre chose que le porter
» à s'acquitter de ses devoirs avec plus de
» noblesse encore et plus de grandeur. Le dé-
» pit, la colère, ne sont qu'un témoignage de
» notre foiblesse, et il n'y a point de foiblesse
» dans l'Honneur.

  » Je ne fais qu'ébaucher ce que je pourrois
» dire sur l'Honneur, mais en voilà sans doute
» assez pour qu'on demeure convaincu que
» dans la monarchie l'Honneur est à-la-fois le
» plus ferme appui de la puissance, et le
» meilleur moyen d'en empêcher l'abus.
» L'Honneur est le plus ferme appui de la
» puissance, parce qu'il diminue le poids de
» l'obéissance en la rendant plus volontaire,
» en lui ôtant ce caractère d'abjection et de
» servitude qui la signale dans toutes les con-
» trées que régit le despotisme d'un maître.
» L'Honneur est le meilleur moyen d'empê-
» cher l'abus de la puissance, parce que, si
» lorsqu'elle franchit ses limites naturelles, il
» ne lui oppose aucune résistance proprement
» dite, cependant, il l'arrête d'une manière
» encore plus certaine en refusant de consen-
» tir à ce qu'il ne pourroit accorder sans
» honte; parce que d'ailleurs, l'Honneur ne se

» montre jamais que comme l'expression de
» la conscience publique, et dès lors comme
» armé de toutes les forces de l'opinion. Or,
» on sait bien que l'opinion commande avec
» encore plus d'efficacité que les Rois.

» La monarchie ne sera donc constituée
» pour des destinées durables, qu'autant que
» l'Honneur sortira, pour ainsi dire, de toutes
» les institutions dont elle se compose,
» comme la fleur sort de la tige qu'elle rend
» plus brillante et plus belle. Ainsi l'Honneur
» augmenteroit la dignité des institutions;
» ainsi entre le pouvoir et la loi constitutive
» de l'Etat, l'Honneur établiroit une réci-
» procité de confiance qui ôteroit au pouvoir
» ce qu'il a de trop superbe, et à la loi cons-
» titutive ce qu'elle a quelquefois de trop
» soupçonneux ou de trop importun. »

LETTRE

DE M. BERGASSE,

SUR L'INDIVISIBILITE

DU POUVOIR LÉGISLATIF,

A L'OCCASION DE L'OUVRAGE DE M. DE CHATEAUBRIAND,

INTITULÉ :

LA CHARTE ET LES HONNÊTES GENS.

De Barbey, 16 *novembre* 1816 (1).

MONSIEUR,

ON a beaucoup critiqué M. de Châteaubriand, c'est-à-dire qu'on lui a dit beaucoup d'injures. J'ai lu son ouvrage avec bien de l'intérêt, et

---

(1) Plusieurs personnes ayant désiré la réimpression de cette lettre, on a crû qu'on ne seroit pas fâché de la trouver à la suite de l'ouvrage qu'on vient de lire.

je n'ai pu parcourir, sans un grand dégoût, celles des diatribes nombreuses qu'on a publiées contre lui, qui me sont tombées sous la main. Ce qui m'a le plus frappé , dans les auteurs de ces diatribes, c'est la prétention qu'ils ont de parler de législation et de politique, quoiqu'ils n'en connoissent pas les premiers éléments. Ces pauvres gens ne savent point que, pour raisonner sur ces matières avec quelque succès , il faut avoir profondément étudié le mouvement des facultés humaines ; savoir comment se forme le caractère des peuples ; de quelle manière les lois influent sur les mœurs ; comment toutes les constitutions du monde ne sont que des inepties , toutes les fois qu'elles offensent les principes de la justice éternelle, et qu'elles se trouvent en opposition avec la morale qui en résulte.

Je ne dirai pas que j'approuve absolument tout dans l'ouvrage de M. de Châteaubriand , je me permettrai même ici quelques observations sur l'opinion qu'il s'est faite , et qu'il partage d'ailleurs avec les plus célèbres publicistes ; de la division de la puissance législative en trois branches.

Voici ce que je pense :

Le Roi est exclusivement et essentiellement

législateur ; mais, comme homme, il peut se tromper, et, attendu que son plus grand intérêt est de ne pas se tromper, il convient qu'il ne porte une loi qu'après une délibération précédente.

Afin que cette délibération l'éclaire, il ne faut pas qu'elle ait lieu seulement dans son conseil d'état, car son conseil d'état est nécessairement constitué de manière que s'il veut ce qui est avantageux au peuple, il est encore plus disposé à vouloir ce qui accroît la puissance.

Il ne faut pas non plus que la délibération existe seulement dans la chambre des députés, parce que cette chambre, pour augmenter son influence, peut quelquefois, en abusant de l'opinion populaire qui l'environne, nuire à la légitime autorité du prince.

Enfin aussi, il ne faut pas qu'elle existe seulement dans une chambre des pairs, parce qu'une chambre des pairs, qui seroit investie d'un pareil pouvoir, convertiroit bientôt la monarchie en aristocratie, et ne seroit plus qu'une assemblée de despotes qui tyranniseroient au lieu de gouverner.

Ni le conseil d'état ni la chambre des députés, ni celle des pairs, ne doivent donc jouir exclusivement du droit de délibérer la loi avant que le Roi la prononce comme législateur.

Mais le Roi sera éclairé autant qu'il peut l'être, si avant de prononcer la loi comme législateur, il la fait discuter devant lui dans le conseil d'état; si elle est ensuite délibérée dans la chambre des députés; si enfin elle subit une troisième délibération dans la chambre des pairs.

Le conseil d'état examine la loi avec maturité, parce qu'il ne veut pas s'exposer à la censure des deux chambres; la chambre des députés examine la loi dans son rapport avec l'intérêt du peuple, parce qu'elle est plus voisine de cet intérêt que le conseil d'état; la chambre des pairs examine la loi sous deux points de vue : relativement à l'autorité du Roi, qu'elle ne doit pas laisser avilir, parce qu'elle seroit elle-même avilie; et relativement à l'intérêt du peuple, auquel elle doit aussi faire une sérieuse attention, afin de ne pas perdre dans l'opinion, ce que gagneroit alors, à ses dépens, la chambre des députés.

C'est après ces trois délibérations que le Roi se prononce, et non pas avant, comme il l'a fait jusqu'ici. Dans ce dernier cas, il s'expose

à rétrograder ; (1) or, qu'on prenne bien
garde que l'autorité qui rétrograde perd de sa

---

(1) C'étoit là un des vices principaux de notre
ancien régime et une des causes qui ont le plus concouru
à sa destruction. Les parlements qui par la nécessité des
circonstances s'étoient substitués aux états généraux ,
avoient acquis par degrés le droit d'examiner les édits
royaux et même d'en refuser l'enregistrement toutes les
fois qu'ils les croyoient contraires aux intérêts du peuple
ou aux lois fondamentales de l'état. La force des choses
l'avoit voulu ainsi , afin que le gouvernement ne devint
pas une tyrannie , et que les maximes de notre ancien
droit public qui seules faisoient la stabilité de l'empire ,
ne fussent pas le jouet des volontés changeantes des
ministres, ou du caprice des courtisans. Or, il n'est que
trop souvent arrivé que les parlements, dans leur lutte
contre le conseil et la Cour, avoient la raison de leur
côté, soit qu'ils vissent de plus près les besoins, soit
que l'opinion publique les éclairât davantage. Alors ils
se trouvoient comme malgré eux en une sorte d'opposition avec le prince. Dans leurs remontrances , le prince
n'étoit point offensé, mais le pouvoir l'étoit, et le pouvoir
offensé ne connoît pas toujours les ménagements de la
prudence. On les exiloit donc ou on les destituoit , ce
qui ne manquoit pas d'opérer une grande fermentation
dans les esprits. Il falloit ensuite appaiser la fermentation,
et on n'y trouvoit d'autre remède que de rappeler les
magistrats , et de retirer les édits qui avoient motivé
leur résistance. Ainsi et parce que c'étoit au nom du

force. Dans le système, au contraire, dont on présente ici l'aperçu, le Roi ne rétrograde jamais ; il a le temps de juger le mouvement de l'opinion, et de ne se décider qu'en pleine connoissance de cause.

Ainsi, *le conseil examine et propose, les deux chambres délibèrent, et le Roi veut.* Or, il n'y a que celui qui veut, qui puisse être regardé comme législateur.

---

prince que les édits avoient été proposés, tous les désavantages de la lutte étoient pour lui. Et de là, que résulta-t-il ? Ce qui devoit nécessairement avoir lieu ; qu'insensiblement les volontés royales furent moins respectées; qu'on raisonna davantage l'obéissance ; qu'on excusa plus difficilement les fautes ; que les abus aigrirent ; qu'on désira des changemens ; qu'on les hâta par des maximes nouvelles, qu'on s'efforça d'ébranler, à l'aide de théories que l'esprit de mécontentement généralement répandu s'empressoit d'accueillir, ce qu'on n'osoit pas encore détruire par la force, et enfin que lorsque la nation fut appelée à concourir au redressement de ses griefs, le grand nombre s'occupa bien plus d'exagérer ses droits que d'éclairer l'autorité en se maintenant dans les bornes de ses devoirs.

Ce n'est rien que d'imaginer des institutions : ce qui est essentiel, c'est de rechercher avant que de les confier au temps, quelles opinions elles produiront, selon les circonstances diverses où la fortune peut placer un peuple.

On se trompe donc singulièrement lorsqu'on divise la faculté législative en trois branches, et que, par la manière dont on organise ces trois branches, ou dispose les choses de façon qu'à le bien prendre, le Roi avec son initiative, se trouve toujours dans la position la plus précaire et la plus fâcheuse.

Je dis que le Roi se trouve toujours dans la position la plus précaire et la plus fâcheuse ; car, si le Roi rejette par exemple, les délibérations des deux chambres, il peut se faire que les deux chambres ne perdent rien par-là dans l'opinion publique; tandis que si les deux chambres rejettent la loi proposée au nom du Roi, par les ministres, la dignité du Roi et le respect qu'on doit avoir pour son autorité comme pour sa personne, se trouve nécessairement blessée (1).

---

(1) Écoutez vos *écriveurs* soudoyés, et ils vous diront que les choses n'iront jamais mieux que lorsque les ministres seront sur le trône et le Roi à côté ; qu'il n'y a rien de si merveilleux surtout que cette unité de ministère dont on nous parle tant, unité selon moi d'autant plus monstrueuse, qu'elle ne peut exister dans un pays comme le nôtre (où il n'y a plus, ainsi qu'autrefois, une série d'institutions protectrices pour arrêter les abus du pouvoir) sans mettre absolument dans les mains de deux ou trois personnes toutes les destinées.

M. de Châteaubriand a entrevu cette vérité,
lorsqu'il a dit que les ministres ne devoient

de la monarchie, sans rendre vaines toutes les oppositions légitimes, et en étouffant toutes les pensées généreuses, sans avilir toutes les consciences, sans achever
la dépravation déjà si déplorable de toutes les volontés.
Voilà cependant ce qu'on appelle *idées libérales*.

Multipliez les agents et les places ; faites presqu'autant
de gouvernants que de gouvernés ; évitez soigneusement
les institutions partielles ; détruisez tous les priviléges,
afin que les *grands* deviennent *médiocres*, que les *médiocres* deviennent *peuple* et que le *peuple* devienne
canaille ; que l'autorité soit un filet qui enveloppe et
non pas un fil qui dirige ; réservez d'ailleurs la morale
pour le catéchisme, et si vous ne vous sentez pas
libres, c'est que sans doute vous avez ignoré jusqu'ici,
que plus nous sommes contraints, garrottés, corrompus,
et plus notre liberté s'étend..... Misérables ! quoi,
vous ne savez donc pas que ce n'est qu'autant que
l'unité monarchique réside dans le prince exclusivement
à tous autres, que les autorités secondaires peuvent
être responsables ; que *s'il faut des agents au despotisme, il faut des institutions à la monarchie :*
qu'avec votre système d'unité ministérielle, tel que
vous l'avez conçu, vous n'aurez jamais que des agents
et point d'institutions : que ce n'est pas par des
agents, mais par des institutions que les peuples ont
une morale, un caractère national et des mœurs, etc.
Au reste, savent-ils quelque chose ?....

jamaisparler qu'en leur nom ou au nom du
conseil d'état dans les chambres, en un mot,
qu'il falloit isoler le Roi de son ministère, si
on vouloit que toute la majesté de sa place
lui fût conservée. Mais il auroit pu aller plus
loin : et considérant la puissance législative
en elle-même, il lui eût été facile de montrer
qu'elle est essentiellement une; et que prescrire
le mode selon lequel elle doit être éclairée,
ce n'est pas la diviser ou l'assujétir à un partage,
qui dans la monarchie, répugne absolument à
sa nature.

Au reste, je ne puis m'empêcher de vous
le dire : On est bien loin encore de se douter
de tout ce qu'il faut faire pour asseoir à la
fois la monarchie et la liberté des peuples
sur leurs véritables fondements. On a cru faire
un gouvernement, et on n'a fait qu'un ministère, et un ministère tellement constitué et
tellement puissant, par l'immense bureaucratie
qui, des extrémités de la France jusqu'à la
capitale, attache à lui tant d'intérêts, qu'il
est véritablement le maître des destinées du
royaume, et même des destinées de la famille
royale ; et que si les places en étoient occu-
pées par des hommes pervers (ce qui, grâces
au ciel, n'est pas ordinaire, mais qui cependant

peut arriver), rien n'empêcheroit qu'il ne leur fût facile de nous préparer de nouveaux malheurs et de nouvelles catastrophes.

Je borne là mes réflexions, écrites d'ailleurs à la hâte, et je ne vous les aurois pas même transmises s'il ne sagissoit ici d'une grande erreur, qui, malheureusement, paroît être celle du grand nombre ; si de plus je n'avois pas du talent de M. de Châteaubriand, la haute opinion qu'il convient d'en avoir, et si je ne craignois que son nom, justement célèbre, ne contribuât à la faire encore plus généralement adopter.

Quel siècle! Quelles mœurs !

FIN.